团队跃升地图

何巧 著

民主与建设出版社
·北京·

© 民主与建设出版社，2023

图书在版编目（CIP）数据

团队跃升地图 / 何巧著 . -- 北京：民主与建设出版社，2023.1
ISBN 978-7-5139-4085-6

I. ①团 … II. ①何 … III. ①企业管理 – 组织管理学 IV. ① F272.9

中国国家版本馆 CIP 数据核字（2023）第 020155 号

团队跃升地图
TUANDUI YUESHENG DITU

著　　者	何　巧
责任编辑	王　倩
封面设计	金　刚
出版发行	民主与建设出版社有限责任公司
电　　话	（010）59417747　59419778
社　　址	北京市海淀区西三环中路 10 号望海楼 E 座 7 层
邮　　编	100142
印　　刷	北京时捷印刷有限公司
版　　次	2023 年 1 月第 1 版
印　　次	2023 年 2 月第 1 次印刷
开　　本	889 毫米 ×1194 毫米　1/32
印　　张	8
字　　数	138 千字
书　　号	ISBN 978-7-5139-4085-6
定　　价	58.00 元

注：如有印、装质量问题，请与出版社联系。

意识的转化是一日千里的飞跃

能力的提升是点点滴滴的积累

谨以此书送给那些在艰难困苦中永不放弃、百炼成钢的团队！

推荐序（一）

2016年，当何巧（Angie）来圣地亚哥拜访我时，很明显她的教练事业的目标不仅仅是建立客户。她的愿景以及创造新的理论方法来帮助客户的动力，使她获得了一些令人难以置信的发现和著作，包括她最新一期的关于团队建设的书。自从我们认识以来，她已经帮助了来自华为、京东、安利、阿里巴巴等100多家公司的无数领导者。

作为一名40多年的高管教练，我教给客户的最重要的一课是领导力的转化，从"知识型领导者"转变为"促进型领导者"。从历史上看，领导者在公司中的晋升是因为他们在某个领域的专业知识水平很高，而担任管理职务是因为他们比直接下属懂得更多。随着当今技术和业务的快速变化，员工直接参与项目和承担角色，他们几乎总是比他们的领导更了解细节！作为领导者，您的新角色不是成为每个领域的专家来指导和建议您的团队，而是促进加强协作、有效沟通和知识共享，以尽可能从最佳来源为团队成员提供所需的资源。这要求领导者的主要工作不是业务本身的运营，而是激发团队在任何环境中的主人翁精神、敏捷性和灵活性。这个改变让领导者必须在各方面都擅长促进团队的健康与合作，这不仅重要而且非常关键。何巧（Angie）的书之所以如此独特，是因为它专注于公司的核心，以及最终成败的根源。

对于未来的领导者而言，作为一名员工出色地完成自己的工作，与能够管理一个团队看起来截然不同。这是高管教练的价值在全球范围内扩大的众多原因之一。教练使领导者能够迅速掌握他们在新的定位上所急需的新技能，比他们以前遇到的任何技能都要关键。

何巧（Angie）的书提供了一个关于团队的独特而富有洞察力的故事，揭示其中存在的错综复杂的维度。这本书里的教练重建了一支支离破碎的团队，慢慢地带领他们找到彼此的信任和同理心。由于团队内部协作的成功，最终带来了他们的业务运营提升和达成客户满意度。

除了这个引人入胜的故事，何巧（Angie）还分享了她有效的团队教练方法。她创建了"团队跃升地图"和"PEAK"团队教练流程，并带领读者逐步了解这些步骤以及可操作的方法，让您的团队今天变得更好。

这本书将改变你领导、教练和建立你的团队、公司的方式。我的建议是立即阅读并开始观察它正在如何改变您的人生！

Marshall Goldsmith 博士是"Thinkers50"评选世界排名第一的高管教练，他也是《纽约时报》畅销书《获得的生活》（The Earned Life）、《自律力》（Triggers）和《管理中的魔鬼细节》（What Got You Here Won't Get You There）的作者。

马歇尔·戈德史密斯 博士

英文原文：

When Angie came to visit me in San Diego in 2016, it was clear her goals for coaching would take her beyond just building a clientele. Her vision and drive for creating new methodologies to help her clients has led her to some incredible discoveries and books, including her latest edition focused on Team Building. Since our time together, she has helped countless people across more than 100 companies from Huawei, JingDong, Amway, Alibaba and more.

As an Executive Coach for more than 40 years, one of the most important lessons I teach to my clients is the shift in leadership from a 'knowledge leader' to a 'facilitation leader'. Historically, leaders were promoted in companies because of their high level of expertise in an area and were in managerial roles as a result of knowing more than their direct reports. With the fast-changing pace of technology and business today, employees directly involved in projects and roles almost always know more than their leaders about the details! As a leader, your new role is not to be an expert in every area to guide and counsel your team, but rather to facilitate increased collaboration, efficient communication, and shared knowledge to give the team members the resources they need from the best sources possible. It requires that their main job is not in the operations of the business itself, but the motivation of the team for their ownership, agility, and flexibility in any environment. This shift makes it not only important, but critical that leaders excel in improving the health and cohesion of their teams in every way. What makes Angie's book so unique is its focus on the heart of the company and the root of its ultimate success or failure.

For the leader of the future, being great at your job as an employee, and being able to manage a team of employees looks very different. This is one of the many reasons that the value of executive coaching has expanded across the world. Coaching allows leaders to harness the new skills they so vitally need to excel in a new type of position than anything they've encountered before.

Angie's book provides a unique and insightful story on teams that reveals the intricate dimensions that exist. The coach of this book rebuilds a broken team, slowly leading them to finding trust and empathy for one another. As with any internal collaboration success, it ultimately leads to the improvement of their business operations and client satisfaction.

In addition to this fascinating story, Angie also shares her methods on effective team coaching. She has created the "Map of Team Improvement" and the "PEAK" team coaching process and takes readers step-by-step through these to walk away with the actionable methods to make your team better today.

This book will change the way you lead, coach and build your team and companies. My advice is to read it and start watching it change your life now!

Dr. Marshall Goldsmith is the Thinkers50 #1 Executive Coach and New York Times bestselling author of *The Earned Life, Triggers, and What Got You Here Won't Get You There.*

By Dr. Marshall Goldsmith

推荐序（二）

我们正在从乌卡时代（VUCA）进入巴尼时代（BANI），前者所代表的易变、不确定、复杂和模糊依然存在，新冠疫情又使得 Brittle（脆弱）、Anxious（焦虑）、Nonlinear（非线性）和 Incomprehensible（无法理解）所组成的 BANI 状态越来越成为当代人最常见的状态，不仅在个人生活中，也在企业管理、商业运营中弥散。在我看来，当今的企业管理者，最需要提升的就是"心力"——相信自己和团队本自具足，在困难和挑战面前有足够的能力和能量，穿越迷雾，找到正确的前进方向。

何巧教练，就是这样一位帮助企业领导者提升心力的大师级教练。其著作《团队跃升地图》，不仅是一本有趣有料的团队心力提升工具书，更是一本"道"与"术"结合，"刚"与"柔"并济的团队心力修炼的武功秘籍。

我与何巧教练相识于安利中国的团队教练工作坊。她具备非常丰富的国际企业管理经验，在教练领域又深耕多年；不管是面对公司的高层管理者，还是中层管理者，始终举重若轻，自如流动，各种教练工具融会贯通，无招胜有招。她所打造的教练场域，非常接地气，更像是一个教练主题思维游戏场。她帮助每个领导者遵循自己的内心，去发现自身追求的是什么，真正的能量来自哪里，进而调动团队中每个人内在的能量，去寻找共同的目标、协作的方法，从而实现转化，聚焦未来。

教练的过程，是建立新的思维模式、努力实现转化的过程。何巧教练提出教练的核心价值是转化人的意识，尤其是打破限制性思维、化解冲突、形成共同的愿景并协同一致，这对于团队来讲是非常关键的。我认为何巧教练带给企业管理者们最有价值的收获之一，就是对团队伙伴全然的接纳、信任，相信每个人都具备充足的智慧和潜能，相信团队力出一孔可以战胜任何挑战。这对于任何一家处在转型和变革期的企业来说尤其具有价值。转型的核心，即人的转型，人对了，事情就对了，企业的路也就对了。即使身处BANI时代，我们也始终都可以穿透纷繁复杂的迷雾，远离脆弱，放下焦虑，回归自身，进而回归团队。当我们从自身出发，真正成为一个荣辱与共的团队，拥有一个共同向往的愿景，奔向一个共同认可的目标，就走在了增长的大道上。

何巧教练有一个宏愿，要为中国培养 100 位大师级教练，并通过教练服务为更多的中国企业创造价值，帮助它们早日登顶世界。她的这本新书《团队跃升地图》，以真实的教练案例为基础进行改编，讲述了一个完整的团队教练故事，企业领导者也许会从中看到诸多似曾相识的场景。

翻开本书，看看何巧教练是怎样陪伴客户一路升级打怪的，相信您在跌宕起伏的故事中，一定会为自己团队和企业的长足发展找到灵感和镜鉴！

安利（中国）总裁 / 安利全球执行管理团队成员　余放

推荐序（三）

一个偶然的机会，我结识了何巧老师，并拜读了她的第一本著作《绩效跃升地图》。这是何老师作为企业教练多年来的成功实践归纳总结，提炼出了一整套逻辑清晰、简单实用的方法论和工具箱，干货满满，令人受益匪浅。《团队跃升地图》是《绩效跃升地图》的姊妹篇，如果说后者更多的是在讲"要提升绩效，则要关注人"，那么前者则是以生动鲜活的故事告诉我们具体该如何关注人。

作为一家跨国公司的大中华区负责人，我亲自把企业从一个200多人的小厂带到了至今1万多人和年销售额几百亿元的规模。近20年的摸爬滚打和风雨兼程，我们始终把团队建设和员工发展放在首位。我们非常认同何巧老师关于"事是表象，人是根本"的理念。挑选和培养有共同理想、价值观同频、有高度战略共识和企业文化认同的领导团队，是我们确保企业绩效跃升的法宝。

当前我们的业务环境日趋严峻和复杂，行业内卷现象严重。随着企业规模日益扩大，机构也开始变得臃肿，流程变得越来越复杂，一部分员工渐渐倦怠。总之企业内之"熵"在逐渐增大，我们的应对之策就是在企业管理中大量地引入像何巧老师这样的团队教练，带领团队不断实现自我变革，主动突破舒适圈，聚焦和解决造成内卷的痛点，最终实现"熵减"来对抗企业中的"熵增"，以确保企业始终具备旺盛的生命力。在与何巧老师的互动中我发现，书中描述的场景，在企业管理实践中常常是真实的存在。

团队教练可以让团队的每一位成员在混乱、不确定、模糊、多变的 VUCA 时代，通过转换视角，践行正念和同理心，由内而外地从自我开始改变，觉察和管理情绪，理解并主动克服影响团队效率的各种障碍，在工作中坦诚相见，活出真我，提升复杂挑战下的心理韧性，大大提高自己的工作能力和幸福指数，并最终实现团队的统一愿景。从中我们看到，教练真正的价值在于"转化"，转化团队的意识，转化团队的能量，转化团队的协作。

在此，我恭喜何巧老师又一次完成了一部提升团队绩效的力作，并祝各位读者能够领会和活用书中的精华，激发团队潜力，推动企业持续发展。

舍弗勒大中华区 CEO　张艺林

推荐序（四）

与何巧教练结缘，是因为我司乐药集团成立近 4 年，子公司分布全国各地，虽业务在高速发展，但每个公司的管理水平参差不齐，步调也快慢不一，管理团队缺乏领导力。具体缺少什么领导力，又很难用定性的言语来描述。寻寻觅觅，我们最终找到以何巧教练为核心的旭势教练团队。我们发现：何巧教练的团队持续在为大量企业做四大领导力意识转化（前瞻意识、全局意识、变革意识、团队意识）。这对于我们团队的现状来说，是最好的解题方案，能够帮助管理团队发自内心地去追寻增长的目标和管理团队的有效方法，是"道"和"术"的有效结合。

在经营一家企业时，我们经常看到的是团队不良绩效的反映，但这一背后"人"是根本，"人"才是根因。如何打开人的认知？如何让团队成员互相信任？如何让部门墙消失于无形？如何让团队面对复杂市场能够齐心协力、攻坚克难？其实是有一整套行之有效的理论和行动框架的。与何巧教练经过一段时间接触后，我领悟到了这套思维框架的意义和价值。

何巧教练用小说的形式展现创业故事时，我觉得其中的主人公和团队就是现实中的我们。这种思维和行动框架会给管理者、创业者团队效能的提升带来很大的帮助，我们通过思考框架看到了糟糕表象后的本质。找到本质，就找到了解题的方法。

这本书读起来身临其境，让我感触颇深，这是许许多多创业者的真实写照。

真心祝愿创业的 CEO 们都有一位企业教练，陪你去探索未知的旅程，走出自己的路。成败并不是最重要的，重要的是"这世界我来过，我爱过，我奋斗过"。那些奋斗的经历终将成为人生路上的一道风景，未来，当你回味时会令你深感此生足矣。

乐药集团总经理　肖浩东

推荐序（五）

我们通常会说企业的核心竞争力是技术、产品或品牌，但决定一个企业是否可以长期生存的核心是：是否具备内生迭代能力。因为任何行业的发展都是周期性的，能够带领企业穿越周期的一定是团队的内在动能，只有内在动能卓越的企业才能在逆境中突破重围，并且创造出下一个成长势能。一个强动能的团队具备统一的愿景、自发的学习及创新能力和彼此信任的协作精神。

何巧教练的《团队跃升地图》特别适合当下的企业领导者。当前环境充斥着悲观情绪，全球化市场充满不确定性，中国的很多行业进入了下行周期，企业领导如何带领团队在逆境中生存，提升内在动能并在挑战中脱颖而出是当今企业面临的重大难题。而《团队跃升地图》一书已给出了最好的解答。

书中林思成的故事是一个最好的例证。林思成的企业在快速发展中壮大，但同时也面临各种问题，部门都是"深井作业"，互不沟通，互不信任，内部的不协作导致效率低下，互相推诿，客户投诉。这些场景是不是特别熟悉？我们是不是从中都看到了自己公司有类似的问题？

团队教练是可以帮助企业建立团队的跃升内在动能的。关键不是"事情"，而是"人"。"事情"都好办，"人"才是最难处理的。如果"人"团结起来，力往一处使，那么还有什么事儿不能解决呢？《团队跃升地图》就是一本揭示如何让团队找到内驱力并真正协同起来的书。这本书是何巧教练根据自己10年的教练经验，提炼总结了一个巅峰对话（PEAK）流程，其中团队教练明暗线是她的独创，明线就是事情，每个人都显而易见，但暗线是人，是看不见摸不着的，但恰恰是人这一条暗线是团队教练做功的价值点。团队教练的真正价值是转化，化冲突为合作，化异议为共识。通过运用教练工具使团队自发地转化成拥有高效能、高学习力、高创新力及高度协作力的团队。当然，最高的境界是团队的领导者们都具备教练思维，自己践行教练，自己重组架构，并且将教练思维用于为客户创造更多更持久的价值。

顶级的领导是无为而治，顶级的团队是自发迭代，并不断挑战自己的局限。希望每一位企业领导都能具备教练思维，带领企业披荆斩棘，长久发展！

希捷科技全球高级副总裁暨中国区总裁　孙丹

序 言
这是最好的时代还是最坏的时代

> 这是一个最好的时代，也是一个最坏的时代；这是一个智慧的年代，这是一个愚蠢的年代；这是一个信任的时期，这是一个怀疑的时期。这是一个光明的季节，这是一个黑暗的季节；这是希望之春，这是失望之冬。
>
> ——《双城记》狄更斯

这是一个冬天还是一个春天？这是一个最好的时代还是一个最坏的时代？取决于每个人的心态。如果你的心态是积极正向，面向成果的，这就是一个最好的时代；如果你的心态是消极躺平，总是活在过去的光环里面哀叹的，这就是一个最坏的时代。

教练这一职业，恰恰在这样一个高度不确定的时代，蓬勃发展起来。我发自内心地感谢这个时代，是这个时代呼唤了教练，也是这个时代赋予了教练使命，帮助千千万万家中国本土企业不畏艰难、勇于突破、最终问鼎世界！

对于企业而言，最难的就是走出过去，面向未来。过去已然过去，而未来正在到来。今天要做的一切，就是朝向未来走去。站在未来看今天，今天的企业要如何打造自己的内核来应对未来？产品、销售、服务固然重要，但核心要素还是

"人"。"绩效"是结果,"人"才是根本。我们应在根上努力,果上随缘。

企业需要教练,是因为教练可以帮助团队面向未来,积极地提升自己内在的"确定性"来面对未来的"不确定性"。这个方法已经被很多头部、中小企业所验证。只有团队的内在驱动力被调动起来,大家心往一处想、力往一处使,才有底气面对未来的艰险和挑战。而这些艰难挑战最后反而倒逼团队成长,团队的内在力量提升了,绩效就会跃升,进而更上一层楼!

教练可以帮助团队调整心态,积极正向,勇于挑战;教练可以帮助团队拉伸思维阈值,大胆假设,小心求证;教练可以督促团队小步快跑敏捷迭代,一步一个脚印地走出泥沼,攀向高峰,最后实现腾飞!教练不是一两次的"点"状行为,而是长期陪跑。每个月通过工作坊、高管一对一,真正帮助企业跑通业务、跑出成绩。看到企业成长,企业层层突破重围,我们做教练的都很触动,这些团队正在用血汗青春,书写中国的商业史!因此我萌发了写《团队跃升地图》一书的想法,通过此书来记录这些了不起的团队的成长历程。

有了第一本书《绩效跃升地图》做基础,我本来以为会很轻松,其实不然。这次写的是一个完整的故事,如何把故事写得既生动有趣,又可以体现出"团队跃升地图"的结构,并且还不能过多透露相关企业的商业秘密,让我绞尽脑汁。书中记录的不是一家企业的故事,是很多家企业的故事汇聚成本书。当然,每个场景都真实地发生过,只是发生在不同的企业、不同的团队而已。

这本书从一个生动的团队故事开始。CEO 林思成创业 8 年,遇到了很多挑战,外部挑战难以攻克,是因为团队的内部出了问题。团队无法协同,导致客户频频投诉,企业绩效下滑。

在焦虑中林思成开始寻找方法来帮助团队成长,这时他遇到了一位企业教练。

教练帮助林思成,从团队信任的搭建、互相协同、愿景目标对齐……把一个互相推诿、互相嘲笑的团队,慢慢地变成了一个有同理心、互相支持、有同样的愿景和价值观的团队。

在故事中,团队面临了一次又一次的挑战,客户的投诉、市场变化、疫情肆虐……而团队也是在磨炼中不断成长,他们开始具备教练的思维,自己践行教练,自己重组架构,主动带着教练的方法去了解客户的需求,想客户所想、急客户所急,在新冠肺炎疫情防控工作中克服重重困难,超额完成任务,赢得了客户的尊重。

通过这样一个故事,为读者呈现了一幕幕团队教练的大戏,团队矛盾频出,而教练润物细无声地化解这些矛盾,提升个人驱动力,帮助团队一起聚焦成果,面向未来。

第一部分读罢,想必读者心中都会有很多感动。接下来在

第二部分，我为读者解读，故事里教练都用了哪些方法，团队跃升地图的框架是什么？为什么团队教练有效？团队教练的明暗线是什么？团队教练的 PEAK 对话流程是什么？团队教练要做哪些准备？团队教练的工具有哪些？团队教练的关键能力是什么？

通过生动的故事导入系统的团队教练理论，让大家从感性到理性，从故事到框架，由浅入深地学习什么是团队教练、如何带出高绩效团队。相信每个企业的领导者读完本书，都可以检视出团队的真实问题，找到团队意识转化的钥匙，实现真正的腾飞！

正所谓意识的转化是一日千里的飞跃，能力的提升是点点滴滴的积累。

这是最好的时代还是最坏的时代？相信此刻的你心中自有答案。

何 巧
2022 年 11 月

目　录
CONTENTS

推荐序 // I

序言 / 这是最好的时代还是最坏的时代 // XIII

第一部分　故事

第一章　团队目标，重塑信任

第一节　CEO 的烦恼 // 002

第二节　互相推诿的团队 // 013

第三节　背靠背的信任 // 016

第二章　化解冲突，真正协同

第一节　让矛盾浮出水面 // 034

第二节　化解冲突，了解后设程序 // 040

第三节　回归初心，点燃愿景 // 059

第四节　团队携手，面对新挑战 // 072

第三章 打破隔阂，建立全局观

第一节 西湖边的谈话 // 079

第二节 从抢资源到全局观 // 084

第三节 为荣誉而战的宣告 // 093

第四节 一切为了客户的利益 // 097

第四章 赢得客户的尊重

第一节 自我蜕变，重组规划 // 103

第二节 放下自我，以客户为师 // 115

第三节 艰难困苦，铸就团队 // 122

第四节 闪光时刻，团队的力量 // 125

第五节 达成心愿，新的起飞 // 128

寄语：意识的转化是一日千里的飞跃，能力的提升是点点滴滴的积累 // 131

第二部分 框架

第一章 团队跃升地图是一个框架

第一节 团队跃升地图对于企业的价值 // 134

第二节 以愿景为核心 // 140

第三节 如何树立团队目标 // 148

第四节 如何化解团队冲突 // 154

第五节 如何激活团队动力 // 161

第六节 如何形成团队协作 // 165

第二章 团队教练重在"场"的打造

第一节 什么是团队教练 // 172

    一、团队教练的定义 // 172

    二、团队教练与个人教练之不同 // 174

    三、团队教练与"团队引导""行动学习"有何不同 // 176

第二节 团队教练重在"场"的打造 // 179

第三节 团队教练有哪些注意事项 // 183

第三章 PEAK 团队巅峰对话流程

第一节 PEAK 团队巅峰对话的明暗线结构 // 188

第二节 PEAK 团队巅峰对话的明暗线解构 // 191

第三节 团队教练的十二种常用工具 // 199

    一、"我"的使用手册 // 200

    二、乔哈里窗 // 201

    三、价值观逻辑层次 // 201

四、迪士尼策略 // 204

五、集体绘画、高光塑像 // 207

六、闪光时刻 // 207

七、社会剧场 // 208

八、利益相关者 // 209

九、五大视角 // 209

十、平衡轮 // 211

十一、减加除乘 // 212

十二、改变的方程式 // 214

第四章 团队教练的六大关键能力

一、能量的抱持 E=MCC // 216

二、整体感知力 // 218

三、框架的开合拉伸 // 219

四、节奏感（控场、干预）// 220

五、直觉与洞察力 // 222

六、反馈与挑战 // 223

寄语：十年磨一剑，无招胜有招 // 227

鸣谢 // 229

PART 1 STORY

第一部分
故事

第一章 团队目标,重塑信任

第一节 CEO 的烦恼

一辆"和谐号"动车,正在从北向南飞驰而去。第七号车厢内,第二排靠窗的位置上,林思成安静地坐着,他习惯性地打开着电脑,却没有像往常一样分秒必争地批改文件。看着车窗外面飞速掠过的树影和梯田,他陷入了沉思。创业 8 年,他从来没有这么焦虑过。

刚刚在杭州结束的一场 BC 国际集团的招标会上,林思成发现周围冒出很多新的竞争对手,有些对手的名字连听都没有听说过,而对方的解决方案和性价比却让人十分惊讶。前几年还敢号称自己是这个细分领域里面的 No.1 的林思成,现在却不敢掉以轻心,他和营销总监、产品总监、技术总监组成的小组严阵以待,步步小心谨慎,最后以微弱的优势拿下了这个订单。参加完这场招标会后，林思成感觉巨大的压力从四面八方袭来。

为什么他会有这么大的压力呢？

8年前，30岁的林思成学成归来，怀着"科技造福人类生活"的梦想，创立了"智慧科技"，帮助客户把传统业务与线上业务打通，实现O2O整合营销，从而真正转化业务模式，带来了新的利润增长。新冠肺炎疫情暴发，很多企业都在寻求如何把传统业务改为线上业务，这可不是简单地建个网站、把业务搬到线上就可以了，这类转型的背后涉及的是整个业务流与IT的整合，从数据到流程到IT架构，都是需要整体设计并实现落地的。智慧科技以其独特的业务洞察和技术创新，抓住客户的真实痛点并实实在在地解决问题，因而在这个赛道上做出了口碑。前五年，公司发展迅猛，业务量逐年递增，队伍很快从原来的十几人扩张到了一百多人。拿到融资后，为了迅速提升公司整体管理能力，林思成通过猎头高薪聘请了一批资深的管理者加入公司，他们大多来自知名大厂，管理经验丰富。原以为找到大厂的高管进来，公司应该可以再上一个新台阶了，但情况并不像林思成想的那么简单。公司的管理团队成员增加后，效率却并没有提升，反而因为各部门互相扯皮、协同效率低下导致决策迟缓、产品质量下降、项目时间延迟、客户投诉频发……这些问题直接导致公司利润降低。再加上遭遇资本的寒冬，风险投资本来就趋于保守，看到智慧科技净利润下滑，更加持观望态度。甚至有投资人对林思成直言："如果团队协同都做不到，我们是不会投入资金的，我们很看重企业的方向和模式，但更看重你的团队，团队不行的话，赛道再好你们都做不好，更别提上市了。"

就拿杭州 BC 国际集团的招投标来说，这是一个 200 万元的订单，其实不算是一个大订单，按照以往来说，林思成都不需要亲自出马，然而因为营销总监、产品总监、技术总监常常各执一词，喋喋不休，林思成怕中途出意外，才亲自挂帅。林思成不禁感慨万千："唉，怎么那么小的项目都需要我亲自介入？难道人越多反而越低效了吗？我怎么一个人活成了一家公司呢？"

近几年，林思成明显地发现团队越来越不好带了。他很困惑：团队总是召开各种会议，办公室夜晚常常灯火通明；大家这么努力，按理说公司业绩应该很好才是，可是营业额和利润都呈现负增长，而且最近两年公司员工流失率很高。是不是因为疫情影响了需求呢？也不是，疫情反而催生了更多的企业想要从线下到线上整合营销的需求。到底哪里出了问题呢？林思成觉得，公司里几个一开始就跟着自己创业打拼的兄弟和外招的高管空降兵们,似乎在团队协作上有不少问题。他们常常互相埋怨,大厂的管理者觉得原创团队管理素养太差,原创团队觉得大厂的管理者只会指手画脚。虽然知道团队内部暗涌四起,水很深,但到底问题的关键是什么,以及怎么解决它,林思成心里没谱,他觉得自己面前有个潘多拉的盒子,打开它,不知道里面是什么,万一一发不可收拾怎么办?不打开它,团队越来越内卷,他越想越惆怅。

带着困惑,林思成坐上了开往广州的火车,他要去见一个重要的人。

这个人,是他的挚友老李。林思成创业这几年,时不时地都会与老李聊聊自己的困扰,一方面老李是自己从小一起长大的铁哥们儿,另一方面老李过去十多年的成功创业经历也让林思成很敬重,他常常向老李取经,避免自己走弯路。老李对林思成也是毫无保留,他分享自己的经验教训,时不时地讲述企业从千万级到亿级,从亿级到十亿级都需要突破哪些卡点,并且总是会提到自己的贵人——一位企业教练带给自己的启发,提得多了,林思成自然就开始好奇:什么是教练?教练能不能也给我带来一些新的思路?

在老李的牵线搭桥之下,林思成与教练在广州一家老牌酒家见面了。江景环绕,雅致怡人。大家坐下来,老李热情地向林思成介绍自己的教练。

林思成仔细打量了一下,觉得教练和自己想象的不太一样。林思成一直以为,能给老李做教练的应该是一位头发花白年龄更大的睿智长者,但出乎意料的是对面坐着的是一位女性,优雅知性,温和细腻。这样一位女性,可以给一群IT直男做教练?林思成内心有些不太相信。

教练看出来林思成的困惑,微笑着说:"林总是不是有什么疑虑?"

林思成知道自己的心思被看出来了,有些不好意思,他挠了挠头,顿了顿,说:"是这样,教练,我最近遇到了一些瓶颈,需要你给我一些指导。"

接下来,林思成把自己遇到的问题,向老李和教练陈述了一番。讲到最后,林思成不由得深深地叹了口气。

老李说:"创业嘛,我也是过来人,都是九死一生,别急别急。"说着,给林思成倒上一杯普洱茶。

教练沉吟了一下,说:"我可以问你几个问题吗?"

林思成回答:"可以的,请说。"

教练接着说:"我想先了解一下,你当初为什么创业呢?"

已经创业8年的林思成,忽然陷入了沉思。刚开始创业的头几年,他还常常会想起自己的初心,尤其是在融资路演上,经常被投资人问到。但最近几年,这个问题好像很遥远了,忽然有这么一句轻柔的声音出现,林思成觉得仿佛有个晨钟当当地在敲开自己的心扉。

当年,林思成大学毕业被分配到一家著名的旅行社,前期做导游,专门带高端客户团。那时旅游行业火热,众所周知,导游的收入与参观景点购物有关。林思成当年也不得不带着一群游客去购物,然而他内心是非常不喜欢这种方式的,因为购物的价格与物品本身的价值相去甚远。

有一天,他按照既定的路线带着一群老人玩得很开心,到了最后一站,必须得去一个购物点,林思成却犹豫了。车上的一位老妈妈特别喜欢林思成,问他怎么了。他说:"我不想带你们去这个地方购物,太坑人了。"老妈妈看出来林思成的为难,就把林思成哄下了车,然后把车门关上,给一车的人做思想工作,说服了大家去购物,就是为了让林思成不要那么为难。这件事让林思成非常感动,也非常自责。老人家的钱都是辛苦钱啊,攒了大半辈子,我这样做怎么对得起他们的一片赤诚之心?

从那以后,林思成就下定决心,要创造一个"阳光、透明"的科技应用,让各个行业都不再有这些暗箱操作,让商业阳光化。因此他辞职了,尽管那时导游的收入是非常高的。之后,他去往英国留学,学习互联网知识和商业管理,学成归来在国内创造了自己的技术平台"智慧科技"。他的第一批客户就是旅游相关的行业,现在又拓展到了药企、零售等行业。

林思成娓娓道来,末了他说:"我创业,就是因为我觉得人要有良知,赚钱要赚得光明正大,所以才创立了智慧科技这个平台。"

老李和教练都安静地听着,他们的内心也十分感动,创业是九死一生,如果没有这份初心,林思成又如何能够坚持到现在?

教练继续问林思成:"我很感动,也理解你的创业初心。你的团队知道你的这份初心吗?"

林思成:"嗯,知道吧!最早跟着我的员工都知道。"

教练:"其他人呢?后面加入的人知道吗?"

林思成:"那估计就算知道也是不太完整的。"

教练笑了,说:"看来有必要让大家都了解一下智慧科技的创立初心,这份缘起是什么。"

林思成:"是呀,你不问的话,我都很久没有去想自己为什么创业了。"

教练:"回到当下,你现在遇到的最大的挑战是什么?"

林思成:"团队。我现在的业务赛道是风口,国家政策也支持，我们的产品和技术也不错，万事俱备只欠东风，感觉就是团队有问题。"

教练："团队的问题，用一句话概括怎么说？"

林思成："嗯，就是团队不能高效协作。总是窝里斗，不能协同。"

教练："你觉得高效的团队是什么样子的？"

林思成："高效的团队，不会抢资源，也不会见死不救，有很高的默契，能互相协同，互相补位，彼此使个眼色就知道要做什么。"

教练："你刚才的描述，看起来得有很高的信任才能做到。你觉得团队之间高效协同，高度信任，背后有哪些关键点？"

林思成："首先，要有共同的目标。其次，大家都认可这个事业，一起打拼，所以才能打造高效协同吧。"

教练："还有呢？"

林思成："还有就是，彼此尊重包容。我现在的团队，一部分是老部下，另一部分是今年外聘的高管，他们之间好像总是有些不太和谐。"

教练："还有呢？"

林思成："还有就是对企业业务的理解吧。老部下比较熟悉业务，新高管还不是特别熟悉。"

教练:"刚才你说了三个方面:目标一致、彼此尊重包容、对业务的理解。你认为哪个最重要呢?"

林思成:"目标一致。"

教练:"现在你的团队,有多认可这个目标、这份事业呢?"

林思成:"我觉得他们还是很认可的。"

教练:"既然大家都认可这个目标、这份事业,为什么不能好好协作呢?你认为到底哪里出了问题?"

林思成愣了,他没有想过这个问题。教练问到他心坎上了,到底哪里出了问题呢?

林思成沉默了很久,还是没有答案。这也是他之所以要来广州找老李讨教的关键所在,对此他不知道答案。

教练:"我和你分享一个团队的模型可以吗?"

于是教练画了一个价值观逻辑层次图,帮助林思成理解从上至下有六个层级:愿景、身份、价值观、能力、行为、环境。为了让林思成理解这个模型,教练引用了爱因斯坦的一句名言:我们不能用制造问题时的同一水平思维来解决问题。

教练问:"团队的愿景是什么?身份是什么?价值观是什么?"(如图1-1所示)

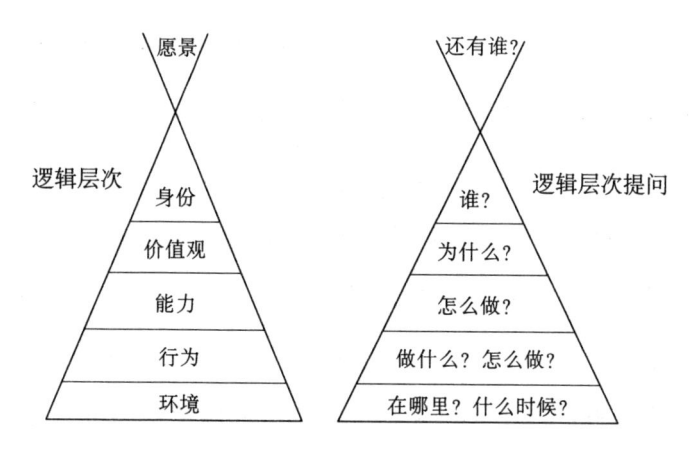

```
       愿景                    还有谁?
        ╱╲                      ╱╲
       ╱  ╲                    ╱  ╲
逻辑层次 │身份│              │ 谁? │  逻辑层次提问
     │价值观│              │为什么?│
     │ 能力 │              │ 怎么做?│
     │ 行为 │              │做什么?怎么做?│
     │ 环境 │              │在哪里?什么时候?│
```

图 1-1 价值观逻辑层次

林思成摇了摇头，他不知道。这个模型让他有很多的触动。虽然智慧科技也有愿景、使命、价值观，但团队认可吗？团队心中的愿景、使命、价值观跟自己心中所想一样吗？林思成并不确定。团队每天忙忙碌碌，到底是在下三层忙呢，还是在上三层忙？我自己都没有想清楚，我的团队能想清楚吗？

教练看到林思成的眼里有一些光在闪烁，她知道自己的提问正在让林思成的思维阈值被拉伸，他开始想的更高更远，他的意识正在被点亮。

教练紧接着说道："教练只能对有意愿改变的人起作用。团队要有意愿，这个变革才会发生。团队的意愿首先来自于一把手的意愿，就是你自己要不要改变？你愿意改变，教练来助力你,就像鹰要翱翔,这时候教练就是你翅膀下的风。教练不是来解决问题,教练是来转化的,而前提是你足够的开放和包容、信任团队,允许团队发声,允许团队表达意见,而不是把你的意见强加给他们。如果你认可教练的这些基本原则,教练就可以帮助你的团队做融合。"

林思成听后若有所思,这场对话,让他觉得内心触动,仿佛有人为自己开了一个天窗,有很多问题是自己平时在思考的,但缺乏系统性,条理也不清晰,今天与教练的第一次见面交流,让他觉得碎片化想法都串联起来了,有种打通任督二脉的感觉。他决定回去认真地想想这个上三层的问题,尊重团队的发声,听听团队的意见。

林思成:"教练,今天你让我有一种醍醐灌顶的感觉。我想邀请你来给我们企业做教练,帮助我的团队,我相信他们是可以成长的,当然前提是我自己是开放的、信任团队的。你可以做我们的教练吗?"

教练欣然应允:"既然你下定决心改变,那我一定全力以赴地支持你。"

几年后的林思成,才深刻地意识到这次广州之行给自己的企业带来多大的价值,当时的他虽然很受触动,却并不知道这个决定所带来的变革是多么深远。

第二节 互相推诿的团队

林思成回到北京，飞机刚落地，马上就接到了老客户 WD 公司张总的投诉电话："林总，怎么搞的？公司原来的系统好好的，你们的产品一介入，才两天就宕机了，你让我怎么跟客户交代呢？系统全部瘫痪，客户的订单停滞，数据还不知道有没有丢失！这种事情是从来没有发生过的，你……"张总都气得说不出话来了。林思成知道事态严重，立即诚恳地向客户道歉，并再三保证马上采取措施全力以赴修复系统，张总这才语气和缓地说道："我也要向公司交代的，你们赶紧看看怎么挽救吧！"

林思成火急火燎地赶回公司，看到项目几个主要负责人正在会议室里吵得不可开交，看到林总回来，大家才安静下来，默不作声。

林思成问："怎么回事儿？客户投诉我们的产品不兼容，导致宕机，你们搞什么鬼？"

营销总监孙扬满脸通红，非常生气。他把桌子一拍，站起来指着产品总监赵子昂的鼻子说："产品明明存在很多 bug（软件中的缺陷），你还提供给客户！你看引发多少问题，客户的损失你赔得起吗？"

产品总监赵子昂反驳道:"你还好意思说?要不是你天天让我们改产品功能,怎么可能出现这么多问题?今天一个需求,明天一个需求,产品变成了'四不像',不仅复杂,响应速度也大大下降!一上线,就导致宕机!"

孙扬两手一摊:"我能有什么办法,这个客户是我们医药行业的大客户,如果不答应客户的需求,我们就有可能被踢出局,以后不用在医药行业混了。虽然客户的需求多了点,那也不能功能一增加就宕机吧?以后我们还怎么销售?技术部门就不能多做一些测试,把 bug 提前解决吗?"

技术总监梁军也愤愤不平地说:"我们已经竭尽全力来满足客户的需求了,产品部门把产品搞得那么复杂,完全没有规划,总是重复测试,我们团队加班都加疯了,也满足不了你们那么多需求!"

赵子昂脸色发青,他一直认为梁军的团队只会生搬硬套,应变能力不足,他说:"我们的产品本来是稳定的,但由于一而再再而三地添加临时功能,所以才会出现问题,我们早就在喊'救命',但测试团队就没有责任吗?平时测试都说没问题,到了客户那里,就宕机,水平不行吧?还有,我们一直要求增加资金购买服务器做测试,财务部门就是不批,更别说增加人手了!"说着,赵子昂生气地瞪了一眼财务总监李婷婷。

财务总监李婷婷一直安静地听着,她新加入智慧科技才半年,但这种场景估计以前在大厂也见多了,她倒是比较冷静。等大家消停点了,李婷婷不紧不慢地说:"现在经济形势那么差,各行各业都在裁员,我们没有减员就已经很不错了。至于服务器,老的服务器还是可以用的嘛,克服一下困难吧,公司账上的现金并不充足。我只能尽全力让公司还可以正常经营下去。"

运营总监彭思宇听完伸了个懒腰,慢条斯理地说:"唉,一群散兵游勇,完全没系统没规划,怎么可能做得好。"

赵子昂一听就火了,他噌地站起来,指着彭思宇的鼻子问:"你说谁呢?"

HR 张莉赶紧把赵子昂拉回位子上,说:"好了好了,你们都少说两句吧!"

林思成看到大家相互指责,没有一个人主动检讨自己的问题,心里非常愤怒。发生了这么严重的客户投诉,这些高管完全没有意识到要团结起来面对危机、解决问题,而是在这里互相推诿,谁也不肯担责,他心想,这样的团队,怎么可能实现公司的愿景、目标?差太远了吧!

林思成站起来,怒气冲冲,啪地一拍桌子:"好了,别吵了!我看你们一个个都只会说别人不对,别人不好,你们自己做得又如何?每个人都站在自己的角度说话,不考虑企业的整体目标,难怪会把产品做成这样,我们怎么向客户交代?以后怎么在市场上立足?"林思成越说越生气,分贝不断提高,整个会议室发出嗡嗡的回声,连外面走廊过道的人都被吓得赶紧回避。

一群人鸦雀无声。他们都打着自己的小算盘,心想:"反正不是我的问题,你骂就骂吧,我已经尽全力了,是其他人的问题!"

这场争吵就这样不欢而散。

一边是客户的严重投诉,一边是四分五裂的团队,林思成对此非常沮丧。最近一年团队在协作上经常出问题,今天这一幕并不陌生,但这次非常严重,看来以前的一些小摩擦已经愈演愈烈,团队的内卷已经是冰冻三尺非一日之寒,是时候要借助外力来整顿一下了。

他拿起手机,拨通了教练的电话。

第三节 背靠背的信任

二月中旬,应林思成的邀请,教练从广州飞到了北京。这次,林思成希望在教练的启发下,能给团队带来触动,帮助他们提升协同力。

半个月前，教练与林思成进行了一场深度交流，林思成把团队最近遇到的挑战、团队的内卷和分裂详细地叙述了一番，教练也给林思成交了底，做了一些准备工作。这些准备工作包括：

1. 允许团队成员自由表达，且保证不会秋后算账。

2. 表达过程中请林思成少讲话，关键的时候教练会邀请林思成表态，届时林思成再发表意见。

3. 尊重团队的决定，尽量不干预。

林思成向教练保证，信任教练，不干预教练，给予教练充分的空间。

第二天上午九点，各部门主管都到齐了。除了营销总监、产品总监、技术总监、财务总监、运营总监，还有大客户经理、服务经理、供应链经理、HR 经理。

除了林思成和 HR 经理张莉提前几周知道这个工作坊安排外，其他人收到参加团队工作坊的通知是几天前，大家心中都在打鼓。虽然通知上说开展工作坊的目的是加强团队协作，但几乎每个人都马上联想到了最近的严重投诉事故，他们觉得工作坊的真正目的应该是追究责任。这段时间大家一起加班加点地熬了数个通宵才把客户的系统恢复好，都很疲累。这时候搞什么团建？老大想追究责任就直说好了，反正以前不也是骂一顿就过去了嘛。何必还要搞个团建,真是浪费时间。大家都搞不懂林思成葫芦里到底卖的什么药。

　　大家陆续走进会议室,看到林思成和一位女士已经边聊边恭候着大家。林思成郑重地向大家介绍本次工作坊的教练,大家一看教练是一位温和的女性,心里不免有些怀疑,女教练?能行吗?林思成看到大家疑惑的表情,补充说:"我知道你们想什么,我第一次见到教练时和你们的想法差不多。但我希望你们更开放一些,体验过后,就知道教练的功力了。"

　　教练微笑地看着这9位高管,说:"让我猜猜你们在想什么,你们一定觉得教练应该是一个年纪比较大、两鬓斑白、看起来像是专家的人,对吗?"

　　9位高管都笑了,不约而同地点点头。教练说:"其实教练并不是专家,教练不能直接告诉你们如何解决困难。"

　　孙扬是个急性子,嗓门又大,他高声问:"那教练是来干吗的?有什么用啊?"其他人都哄笑起来。

　　教练说:"我只是来帮助你们达成成果的,但前提是你们想要这个成果,教练是来助力你们实现它,教练并不是事情方面的专家,而是'人'方面的专家,我们的方法在于用聆听与提问,帮助你们找到最好的答案,整个过程中教练的作用是在启发人、激励人、融合团队,而不是给你们建议。团队教练通过'一对多'的谈话方式，把团队的目标对齐、阈值拉伸，从现在到未来，从点到面，通过赋能团队来赋能业务，简单来说叫作'借事修人，借人完事'。明线是讨论事情解决问题，暗线才是重点，提升团队能量，实现团队的融合。"

看着大家若有所思的样子，教练不慌不忙地在白板上画出巅峰对话（PEAK）团队跃升地图（如图1-2所示）。

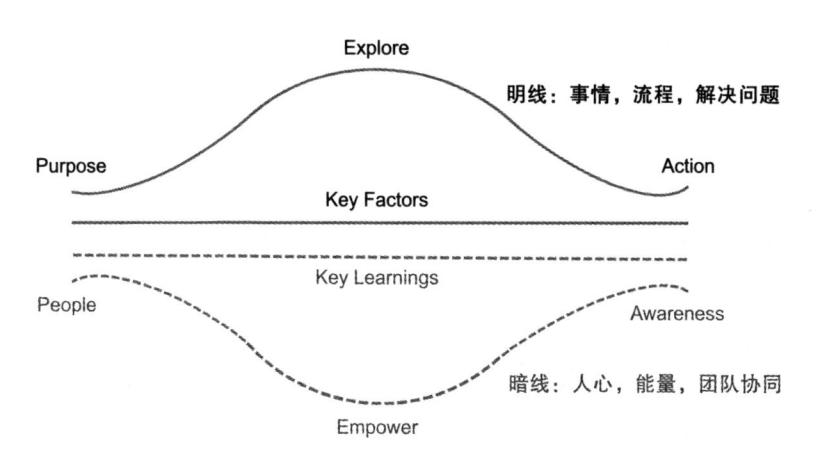

```
                    Explore
                                    明线：事情，流程，解决问题

  Purpose                                              Action
                    Key Factors
                    ─ ─ ─ ─ ─ ─ ─
                    Key Learnings
  People                                               Awareness
                                    暗线：人心，能量，团队协同
                    Empower
```

图1-2　巅峰对话（PEAK）团队跃升地图

接下来，为了让工作坊发挥最大作用，教练还与团队约定了几条规则，这是团队教练中一直会贯彻的团队公约：

1.100%投入且100%放松（意味着工作坊中不允许接打电话和使用电脑）。

2. 积极正向，无评判、无指责，绿色发言。

3. 以解决方案代替问题本身（成果导向）。

4. 管理时间（时间有限，一次解决一个问题）。

教练与大家共同讨论这四条团队公约，尤其是花了一些时间来解读"以解决方案代替问题本身（成果导向）"。"我们来厘清两个概念，'问题导向'与'成果导向'不同。'问题导向'是把注意力放在已经发生的问题，去分析造成问题的原因，面向过去，偏负向。注意这个'问题'对应的是problem，而不是question。'成果导向'是把注意力放在解决方案，创造成果，面向未来，偏正向。成果对应的英文是outcome。"说着，教练在白板上画图，让大家更好地理解"问题导向"和"成果导向"的不同（如图1-3所示）。

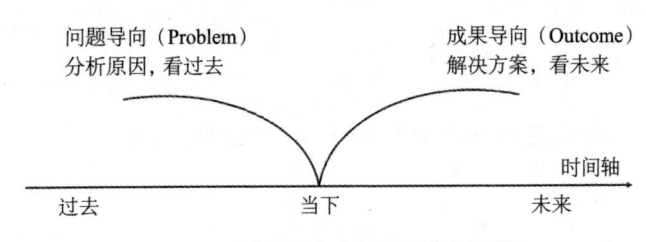

图1-3 成果导向和问题导向的不同

为什么成果导向那么重要？大多数管理者都在忙着救火，却很少从问题中抽离出来，去思考未来，想想一年后的我们在做什么？三年后我们在做什么？五年后我们在做什么？一旦我们可以站在未来思考，并尝试成果导向，那么就可以用解决方案来代替问题本身，团队自然积极正向和高效。刚才给大家展示的PEAK的Purpose，就是成果。教练对话一直会聚焦成果，而不是东拉西扯的闲聊。Purpose对应的是People，是指"人"的心态要放开，真正地达成合作，并获得成果。

孙扬说："那太好了，平时我们就会吵吵吵，吵个半天也没有结论，教练带着我们会比较聚焦。"

接下来，教练提出第一个问题："团队教练总是先从People和Purpose方面入手，我很好奇，你们有多了解彼此呢？"

赵子昂眉毛扬起来："我们在一起有六七年了，都还算比较了解吧？新加入的高管有的相处半年，有的相处一年，也还好。"

教练："好，接下来先从'人'开始，我邀请你们玩个破冰小游戏，叫作'重新认识彼此'。"

看到大家有点迷茫的眼神，教练继续说："咱们这个游戏分为两个部分：第一，讲述自己平时的爱好；第二，讲述自己喜欢什么样的表扬和批评方式。"

孙扬最积极，马上举手说："我喜欢玩极限运动，例如滑雪、跳伞、潜水，我喜欢的表扬方式是公开表扬，最好是多次表扬，对吧老大？"说着他还瞥了一眼林思成，"批评嘛，最好别批评，实在要批评的时候请尽量少批评，私下批评。"说完孙扬还冲着大家抱拳，被孙扬这么一搞气氛，团队开始乐起来，其他几位也纷纷起身发言。

原本大家以为每天见面，应该很了解彼此，但通过这个游戏，大家才发现平日里净顾着谈工作，很少真正地关注身边的人，比如他有什么爱好，他喜欢怎样的表扬和批评方式。

赵子昂说："我喜欢踢球。我喜欢的批评方式是告诉我错在哪里，要讲细节，别来虚的，我能接受。我讨厌那些虚头巴脑的说辞。表扬嘛，真诚就行，别套路。"

彭思宇说："我的爱好是研究新能源。我喜欢的批评方式是委婉地批评。表扬嘛，最好是物质上的奖励，实在！"他说完大家都在下面起哄，说："彭总你也太实际了点。"

孙扬这个年轻的小伙子，对教练的话并不全信。他举手挑战教练："教练，我有个疑惑啊，你这个意思我懂，就是说平时大家得收敛点，批评人别不留情面，多表扬，大家的工作氛围才能变好，这点我赞成。但有没有特殊情况呢？"

教练说："你说说看？"

孙扬举了个例子："比如说，两个人之间如果关系很好，是不是也不用温和地表扬、善意地批评？例如我和我媳妇，我一去应酬，回家晚了她一定骂我，上来就一个拖鞋飞过来，然后骂'死鬼,又跑哪里喝酒去了?',你说要是哪天她很温柔,估计我会以为她发烧了吧?"

孙扬说完惹得大家笑得东倒西歪的,张莉的眼泪都笑出来了。

教练也笑了很久,过了好一会儿,等大家都安静一点了,教练回答说:"是的,每个人相处的方式都不一样,最重要的是知道对方喜欢什么样的批评和表扬方式再相应地调整自己,这才是重点,而不是刻意地改变自己的方式。假如你平时比较严肃,忽然笑眯眯的,估计下属会被吓到。"大家听完,才意识到彼此尊重对方接纳的方式才是重点。

等团队成员都说完了,林思成才开口,他说:"我嘛,喜欢听音乐、读书,我喜欢的批评方式是直接真诚,别绕弯,就事论事,表扬方式无所谓。"

教练说:"关于批评和表扬的方式,每个人都可以给林总一个小建议,写在纸条上,贴上来。"教练收上来9位高管的纸条,请林思成逐条读出来。林思成把纸条接过来,认真读道:"希望林总少批评,多鼓励团队""希望林总少发脾气,保重身体"。教练问林思成有什么反馈?林思成有些不好意思地说:"确实,我最近一年脾气越来越差,常常发火骂人,我改,请大家监督我。"

梁军说:"这一年,你总是批评我们,都没有夸过研发部门。"张莉也说:"是的是的,最近团队很久没有团建了,公司里总是充满火药味儿。"大家七嘴八舌地，纷纷表达由于最近状况频发所带来的情绪，这些情绪的释放，是团队教练展开对话的重要铺垫。没有情绪的释放，团队很难进入真正的心流，创造真正有效的对话。但仅仅释放情绪，没有成果导向的教练动作，团队会议又会变成吐槽大会。教练通过一个小小的破冰游戏，让工作坊的氛围，从"人"入手，开始变得更有温度。

接下来教练开始"聚焦成果"（Purpose），基于此提出第二个问题："团队现在最大的挑战是什么？"

大家面面相觑。这些人中孙扬是最敢说的，他嘟囔了一句："绩效不好，客户经常投诉，团队协作力弱。"

教练看出来大家的情绪，问："我听说，最近有一个客户投诉比较严重，看起来大家对这个现状都是清楚的，你们觉得是什么阻碍了团队之间的协作？"

有人说："客户的要求太多了，我们疲于奔命。"

有人说："竞争对手低价碾压我们，利润空间狭窄，缺乏人手。"

还有人说："市场环境恶劣，疫情带来的不确定性越来越多。"

教练耐心地听完，说："我可以给大家一点反馈吗？"看到大家点头，教练说："我一向比较直接，就想问问大家，刚才你们谈到的问题，是外部的，还是内部的？是可控的还是不可控的？"

被教练这么一问，几位高管你看看我，我看看你，说："主要是外部的，不可控的。"

教练问："如果我们把注意力总是放在外部，我们的成长很有限。回到团队跃升地图上看，团队想要成长，就得从'人'出发，调整心态，从自身出发，而不是把注意力放在外部。"

赵子昂抿着嘴，孙扬低着头摆弄自己的笔，梁军双手交叉放在胸前，彭思宇抬头看着天花板，其他的人也若有所思。

赵子昂："我先说吧。其实大家都知道最近的客户投诉，是因为产品频频宕机，对客户和我们的影响都很大。我的部门最需要反省。"

孙扬："客户要求很多，既要、都要、还要，现在马上要，我们团队的能力也确实有限，资源匮乏，跟不上。"

李婷婷："大家都埋怨财务部不肯出钱买设备，其实不是不肯，而是公司现金流吃紧，没有多余预算。"

彭思宇："前几年市场好，也没有竞争对手，无论做得如何，客户都会照单全收，现在新冒出来不少对手，客户的期望值就高了，市场环境又不好，很多客户缺乏资金，就压缩利润，活儿难了钱少了，我们就显得更捉襟见肘。主要还是我们的本事不够硬。"

教练:"这次你们表达的,是不是比较多地往自己看看了?比刚才有进步吧?"

接下来,教练回到团队跃升地图的"成果"上,邀请大家用"成果描述的方式来代替问题本身"。看着大家疑惑的表情,教练说:"刚才我介绍了一下,成果导向是一个正向的陈述,意味着你真正想要的是什么?我们的目的地在哪里。每个人都表达自己真正想要什么,再整合成团队一致想要的是什么?这就是'成果'导向,当我们用'成果'来代替'问题',问题就自然消失了,而解决方案会随之出现。"

"哦,明白了,那我们得用正向的方式来表达。"高管们重新梳理自己面向未来想要的是什么,白板上出现了新的句子:"如何用有限的资源提升客户的满意度""团队要提升信任及配合度""团队要做到新老队伍的融合""如何做一个稳定的产品""团队要正确评估客户的需求,管理好客户的期望值"。

教练邀请团队一起提炼总结出来一句话,代表今天工作坊的成果:"我们需要提升协作的效率。"

教练:"我们要提升协作的效率,这句话还是有些笼统。让我们来聚焦一下,请写一写,我们协作的效率从1到10打分,1是最低分,10是满分,现状有几分?理想状态下想要几分?不需要写名字,真实地表达,想的是多少就写多少。"

教练把大家写好的分数贴上白板，一看平均分，现状只有4分，而理想状态下想要8.5分。大家的脸上有些失落，我们的效率那么低吗？现状与理想状态竟然有4.5分的差距。

教练看到大家的表情，问："你们觉得协作的关键是什么？"这时候团队教练已经开始进入了探索（explore）和体验（experience）环节。

"换位思考。"

"从公司整体出发，而不是只顾自己。"

"看远一点点，别总是盯着眼前的事儿。"

听完大家的讨论，教练在白板上出了个题目"假如我是CEO"。教练说："请每个人都站在CEO的角度上说说，你对公司的看法。"说完，教练拉来一张椅子，椅背上用白纸写着大大的"CEO"，邀请每个高管轮流坐上去，表达自己的观点。要求是：探讨公司目前存在的问题，发言完毕后请用成果导向的方式，总结出你认为比较好的解决方案。

"假如我是CEO，我认为产品需要长远规划，有3~5年的蓝图，有功能模块的设计。"

"假如我是CEO，我觉得公司的市场策略过于关注大客户，需要在未来多开发中小企业，并研发新产品服务它们。"

"假如我是CEO，我们需要多关心员工的成长，让大家觉得在这里有盼头，我们还要多探讨分润机制，让员工也享受公司的股权和红利。我们也要信任员工，不能像监工一样每天监督他们事情做得怎么样。"

"假如我是 CEO，我觉得最重要的是彼此信任，如果我们互相是信任的，能把后背交给对方，才能真正地协同，才能面对危机。信任也得在战斗中建立，一个战壕里一起打仗，自然有信任。"

"假如我是 CEO，我会避免遇到事情就发火，尽量多听听团队的声音，我要相信团队是 OK 的。"

…………

林思成一边听，一边认真地记笔记。他的内心也开始惊讶了，虽然不是每个想法都能实现，但这些想法是非常有能量的，当团队成员站在 CEO 的视角，或者说站在公司整体的视角来看问题，并给出解决方案，高管们放下自己的部门利益，拥抱组织的大利益，这确实是在协同作战。林思成在慢慢品味教练的方法，即在"人"上下功夫，而不是单纯地解决"事情"。

大家热烈讨论了好一会儿，教练观察到，在"假如我是 CEO"这个体验环节中，"信任"被反复提及，教练笑着调侃大家："你们有没有发现，刚才很多人都谈到了信任，你们之间的信任怎么样？"这时，教练发现了团队的第二个 Purpose（成果）是信任。

孙扬说："教练你都看出来了，我们的信任就不咋地，你就不用逗我们了吧！"大家都笑起来。

教练："信任与高效协同有什么关系？"

赵子昂："信任是基础。有了信任，才能达到高效协同。"其他人也表示同意。

教练问大家要不要真正体验一下什么是信任，用游戏的方式。平时团队工作压力颇大，现在听说玩游戏，个个都睁大了眼睛，很期待的样子。

教练布置好游戏场地，回来后宣布游戏叫作"背靠背的信任"。游戏规则是：一共10个人，由林思成领头，大家手牵手，除了林思成不用戴眼罩，后面的9个人都要戴着眼罩，然后10个人要经过一些障碍物，转一大圈之后再回到会议室里。整个过程中大家都不允许说话，只能通过事先约定好的方式来通知自己身后牵手的伙伴，一旦讲话就被宣告挑战失败。每个人都没有了眼睛，没有了嘴巴，只能相信你前面的人和后面的人，因此这个游戏叫作"背靠背的信任"。

谁说只有孩子才爱玩游戏？每个成年人的心里都住着一个孩子。团队教练常常组织一些即兴的游戏，是因为当团队在玩游戏的时候，可以更放松，团队本来的模式会不设防地呈现出来。而教练则会比较容易观察到团队的模式。例如，彼此之间是否真的信任、真的协作？他们有冲突吗？如果有冲突他们会怎么面对？这就是为什么教练总是会在团队对话的过程中因地制宜地开展游戏。

大家都很兴奋，他们围在一起讨论了如何用动作通知后面的人抬手还是抬脚、上楼梯还是下楼梯。教练和随行助教做好安全防护的准备后，一群人就浩浩荡荡地出发了。

说来也巧，公司外面走下10个台阶就是1个小平台，教练在这里设计了一些障碍物，然后让林思成带领大家开始游戏。只有林思成可以看到这些障碍物，其他的人都看不到，因此他们得哆哆嗦嗦地用脚去试，但因为手又拉着前后的小伙伴，因此不容易掌握平衡。游戏过程中需爬上爬下，钻进钻出，甚至得绕过石头等障碍物，10个人中有几个已经体态发福的，因此更显笨拙，前面几个人走得太快就会导致中间的人被拉扯得很辛苦，又不可以出声，整个过程真是让人吃尽苦头，最后回到会议室的时候大家已经满头大汗，气喘吁吁。

教练请大家先别摘眼罩，先安静地回忆一下发生了什么，对自己前后拉手的小伙伴表达感谢，然后再摘掉眼罩。当大家摘掉眼罩的时候，情不自禁地欢呼，互相拥抱了起来。教练注意到赵子昂与梁军本来是开心地抱在一起，但当他们摘了眼罩的时候忽然发现是自己的冤家，都不约而同地弹开，露出一副嫌弃的样子，教练看了觉得很好笑，但没有点破他们。

教练等大家欢呼完毕，抓住时机问："刚才这个游戏，你们对信任有哪些更深入的理解了？如果回到工作的场景，是什么导致了彼此不信任呢？"

有人说：性格不合吧，有的急性子，有的慢性子。不匹配。

有人说：得有一致的行动、一致的信号，否则各自做各自的，肯定不能形成合力。

有人说：当每个人都看不见时，对于前面的情况其实都不了解，只能无条件信任彼此。

有人说：每个人都有不同的背景，不是很默契，有些理念和观点不在一个频道上。

有人说：这个游戏很像红军爬雪山过草地，只有战斗过才有情谊。我们相处时间太短，又没有一起并肩打过胜仗，感情还不深厚。

林思成举手问："教练我可以说几句吗？"

教练笑着说："可以。"

林思成很有感触地站起来说："其实信任很简单。相信'相信'的力量。当你看不见，摸不着时，就只能依靠身边的伙伴，这时候信任是由心而发的，很朴素。我相信对于创业团队而言，这点尤为重要。虽然咱们来自四面八方，里面有不少人担任过其他大厂的高管，还有一些是早年跟我一起创业的，大家都有不同的经历、不同的工作习惯，但我们都是朴素的，都是想实实在在做点实事的，我们的心在一起，价值观在一起，我们需要放下历史包袱轻装前进，这样才会有真正的信任，背靠背的信任。"

教练："大家听了林总讲这些，有什么想法？可以说说看，咱们如何能够更好地信任彼此？"

大家纷纷表达了自己对于团队信任的期待，以及如何才能更好地建立信任。有人说，应该多了解彼此的爱好、性格；有人说，要放下部门的利益，从公司整体考虑；有人说，要多沟通，接纳彼此，有同理心；还有人说团队成员中有些人来自大厂，管理素质和水平比原创团队要高，但也会评判原创团队，原创团队又会觉得新加入的高管们不懂实际业务，互相看不起对方，我觉得我们要放下包袱、消除隔阂……大家听后纷纷点头。在这样开放式的讨论中，团队成员明显感觉到了，彼此信任、彼此接纳是多么重要。过去几年团队陆陆续续来了不同背景的高管，还有本来就跟着林思成创业的小伙伴们，大家确实是工作方法不同，理念也不太一样，是需要真正地信任彼此，才能成为高绩效团队。

接下来，教练邀请团队重新回到第一个Purpose"高效协作"这个话题上探索，假如从信任的角度出发，有哪些办法可以弥补4分到8.5分的差距呢？

这次的讨论很充分，教练启发团队不断地寻找各种可能的解决方案，最后整理出三个，是团队觉得特别重要的：

1. 加强沟通，彼此信任，不隐瞒坏消息。

2. 换位思考，多站在公司角度思考，而不是只顾自己的一亩三分地。

3. 遇到问题要坐下来寻求解决方案，坚信成果导向，而不是互相推诿。

教练问大家，如果就以上三条制订行动计划，是否同意。大家都表示同意，并制订行动计划。此时的教练对话是在觉察（Awareness）和行动（Action）的环节。

结束的时候，每个小伙伴都总结了关键要素（Key factors），以及自己的收获（Key learnings），大家基本上都非常认同，表示今天是自己加入公司以来，感触最深的一次团建。最后由林思成上台总结，他说："我的内心也很喜悦，因为我看到了团队重塑了背靠背的信任，也有很多反思，自己以往过于严苛，常常喜欢发火骂人，今后要多听听团队的声音。我希望和大家一起来重塑信任，重新打造高绩效团队，请大家监督我。"

第二章 化解冲突,真正协同

第一节 让矛盾浮出水面

第一次工作坊活动中,教练没有采取什么特别深奥的方法,无非是让团队成员畅所欲言,彼此增加了解,成果导向,换位思考,并重塑信任。但这种春风化雨的方式,确实带来了新的思考和改变。

其中,最有触动的就是赵子昂。在重塑信任游戏中,他和梁军在摘掉眼罩的那一刻,本来拥抱的两个人却下意识弹开,对此,赵子昂心中是有一些反思的。

早在几个月前的投诉事故中,赵子昂与梁军、孙扬一起做了很大的努力才平息了客户的怒气,并合力恢复了系统。事后,他也复盘了一下:为什么会造成如此严重的后果,到底是哪里出问题了?孙扬这边比较容易对客户让步是一个原因,但他觉得问题根源还是老梁的团队。老梁负责的是产品研发和技术测试，产品要交付客户前需要做详尽的测试规划，但每次都是测试中没问题，交付后才发现很多问题没有事先考虑到，例如系统对接、数据安全，还有系统性能等在细节上没有满足客户的基本需求，总是修修补补，最后搞成四不像，而且时间成本也大，团队忙得焦头烂额。赵子昂为此没少抱怨老梁，而老梁觉得你说得轻巧，你哪里知道我们技术这边有多复杂，你懂技术吗？你还不是跟着客户的需求跑？老梁觉得赵子昂并不懂规划产品架构，只知道动动嘴皮子，于是两个人合作起来常磕磕绊绊的。

另外，赵子昂性格直率，他觉得老梁像个闷葫芦，不懂表达；而老梁性格偏内向，有话藏在肚子里，他不喜欢赵子昂咄咄逼人，因此平日里两人像冤家一样互不理睬。

这些恩恩怨怨导致日常工作中赵子昂当然不太愿意配合老梁，老梁也不太愿意配合赵子昂。

在背靠背信任游戏后，赵子昂也在反省自己的问题。梁军常常说我们产品部门一味跟着客户的指挥棒走，咱们在产品规划上确实存在一些缺陷，产品架构多变，缺乏整体规划。产品架构多变，就会导致技术部门的测试反反复复，假如一直不和老梁的团队磨合好，以后还会有更多的问题，从长远来看，公司的利益会受影响。教练一直在启发我们要看成果，看未来，我怎样可以从长计议？他心中已经有些松动，也在琢磨如何与老梁沟通，从而加强产品部门与研发部门的合作。

这一切，林思成看在眼里。而教练在信任游戏中也敏锐地观察到了这一点。教练给林思成做了观察和反馈，发现孙扬、梁军、赵子昂、彭思宇之间，存在一些矛盾和心结，需要借助教练的外力帮助他们化解矛盾，实现更好的融合。

时间过得飞快，很快就到了第一季度末。

四月初，林思成趁团队开第一季度总结会议，邀请教练来做第二次团队工作坊。

教练提出了一个想法，在工作坊开始之前，增加一个线上沟通会议，也是一个小型的团队教练。

林思成有些奇怪，问："为什么呢？"

教练说："我发现产品总监赵子昂和研发技术总监梁军是比较关键的角色，公司最近的项目是客户要求6个月后你们的产品与他们的系统整合并上线，而投诉频繁指向了产品部门和技术研发部门，看来赵子昂需要与梁军、孙扬默契配合，这也是一个重要的突破口。如果我们要迅速地改变团队的状态，就需要让赵子昂和梁军合作起来，所以我想能不能邀请赵子昂和梁军先在线上沟通？"

林思成觉得这是一个好主意,很快就安排了一个小时的线上沟通会。会议参与者有技术研发部门总监梁军和产品部门总监赵子昂,还有林思成和 HR 张莉。

教练用三分钟的时间简要说明开会的目的,即加强技术研发部门和产品部门之间的合作,探讨一下为什么最近半年频频遭遇客户对产品的投诉。

然后,教练邀请梁军和赵子昂分别用五分钟表达一下自己的看法,分别陈述观点。

长达五分钟的发言中,两个人都是说对方哪里做得不好,如何不配合,而不是检讨自己的问题。这些早在教练预料之中。

接下来,发生了一件趣事。赵子昂直截了当地把产品部门对研发部门的不满叙述一通,而当研发总监梁军说产品部门如何不配合的时候就很含蓄,梁军事先在微信群里用文字列出的问题中有一句"产品部门总监的长期缺失导致产品架构不合理",然而他在口头陈述的时候直接跳过了这一句。

教练当然不能错过这个"关键时刻",及时地打断了梁军,问他:"你在群里列出的这句'产品部门总监的长期缺失导致产品架构不合理',请问具体是什么意思?是公司缺产品部门总监吗?"教练是故意发问的,因为产品部门总监就是赵子昂,而赵子昂此时就在线上。

这时，林思成也被教练的提问启发了，他开始询问梁军的意见："你说产品部门总监缺失，是指在现在的产品部门总监赵子昂上面少了一个人呢，还是说他下面少了一个人呢？"

所有人都注意到了一个关键问题，只是，他们还没有洞察到真正的问题是什么。

梁军解释了一番，也还是在绕圈子，没有正面回答问题。别着急，好戏在后头呢。

这时，赵子昂终于按捺不住了。他高声问梁军："你是不是认为我这个产品总监失职啊？"

空气一下子凝固起来。梁军足足沉默了有两分钟，才好不容易地挤出来几个字："嗯……算……是吧！"

这时候大家都轰的一声炸锅了。

教练在心里喝彩："这就对啦！"当团队成员之间发生冷战时，最好的方式就是让双方内心的真实想法浮出水面，让当事人不再惧怕冲突。这是团队教练的一个重点，让矛盾浮出水面。

教练请大家安静下来，然后对所有人说了一段话："我相信今天是梁军第一次如此直接和正面地向赵子昂表达自己的不满。这不是一件坏事，恰恰相反，这是一件好事。为什么呢？两个团队，从不沟通不表达，到正面地表达自己的不满，寻求沟通，是一个非常大的进步。"

接下来,教练对梁军和赵子昂说:"我有两个重要的问题需要向你们确认。"

"第一个问题是,上一次你们两人认真地坐下来好好沟通,是什么时候?这种沟通不是指每天就事论事的那种沟通,而是你们坐下来深度探讨产品架构,制订规划。"

两个人想了好一会儿,赵子昂说,应该是十一月底吧。

十一月底距离开这次电话会议的时间,已经有三个多月了。三个多月才正式沟通一次,意味着什么呢?

"第二个问题是,请为你们的沟通默契程度打分,从1分到10分不等,10分代表的是非常有默契,使个眼色就知道彼此内心的想法。而1分代表很差,自始至终都说不明白,不在一个频道上。"

这次两个人都打不出分数了,其实教练知道他们心目中给彼此的分数很低。

最后总结的十分钟,教练请两位做以下几点思考:

1. 如何在接下来的三个月,加强你们两位之间的沟通并帮助各自的下属团队加强产品和研发之间的沟通?

2. 产品和研发如何做好架构上的规划?

3. 产品和研发的工作流程如何优化?从客户需求筛选,到产品框架和功能设定,再到产品优化。

之后，教练邀请两位总监互相表达自己的想法，梁军虽然有点不好意思，但他真诚地说："直接说出来，感觉好多了。"赵子昂在上次背靠背的信任游戏后对自己就有了反思，他放下了以往的强硬态度和批评他人的作风，先从自己改变，他非常诚恳地对梁军说："我先检讨，确实是我在产品架构上下功夫不够，我需要多跟你请教。以后我有什么地方做得不好，你一定要直接告诉我，不用害怕我受伤啊。我们互相支持，一起把产品做好！"梁军忙不迭地答应着："嗯嗯，好的。"两个人之间的冰层开始慢慢融化。

这个电话会议打破了产品部门赵子昂和研发部门梁军两位总监之间的隔阂，虽然他们还时不时地会起冲突，但经过这次团队教练，他们更容易直接沟通，彼此谅解，互相合作。他们从互相不理解互不认可，变为携手与共，一起面对各种挑战。

第二节　化解冲突，了解后设程序

四月，如期迎来第二次团队教练工作坊。这次的主题是"化解冲突，真正协同"。

这一次，林思成已经完全不去考虑团队教练的具体流程，他领会到了整个过程是灵活的,他把自己和团队都完全地交给了教练:"你怎么做都行,我都百分之百地支持你。"有了林思成的这个态度,教练可以更加灵活地处理现场的状况,创造更开放和共赢的场域,以便达到最好的效果。

工作坊的前一天,张莉帮助教练找了一个安静雅致的地方,组织大家一起吃晚饭,晚饭后做一场走心活动。地点是一个比较大的日式包间,大家可以围成一桌一起吃饭,饭后也方便聊天。

一般来说,团队一起吃饭,通常可以增进彼此的了解,只是疫情防控期间,这样的机会很有限,因此这次欢聚愈显弥足珍贵。

林思成不喜欢喝酒应酬,因此高管们也很少闹酒喝,桌上只放着两瓶红酒意思意思。热热闹闹地吃完饭后,大家的氛围还不错,教练开始主持后面的环节。

教练问:"都吃好了吗?如果吃好了,咱们接下来做个走心的谈话活动。"

在场的人都安静下来,齐刷刷地看着教练。

教练问:"咱们上次探讨完'关于信任和协作'的话题,你们过去两个月在信任和协作上有哪些进步呀?每个人都来说说吧。"教练不直奔主题,而是跟大家回顾进展,这也是帮助团队进入状态的一个方法。

又是孙扬抢先回答后,一群高管七嘴八舌地分享了过去两个月自己的进步,教练听到大多数人都已经有意识地去主动帮助别人、积极协作。也有一些表达是:"我想去合作,但是发现无法合作。""我去找×××,人家根本不理我,热脸贴个冷屁股。""本来是一腔热血去找他,没想到才讲几句话,我们就意见不合了。""协作真难,不知道具体怎样才能让双方换位思考?"

教练:"上次团队教练工作坊中,我问你们彼此之间有多了解?大家还记得吗?"

团队成员回应说:"记得记得,每个人的爱好,喜欢什么样的表扬和批评方式,我们聊了聊。"

教练:"人与人之间的了解,不仅仅限于了解个人喜好和喜欢什么样的表扬和批评方式。人与人之间的更深入的了解,是在底层逻辑上的了解。什么叫作底层逻辑?就是一个人的习惯、模式,很多时候这些习惯和模式是不知不觉形成的,有些是天生的,有些是后天养成的。我们把这些习惯和模式叫作后设程序。后设,就像人的后脑勺,自己可能不容易觉察,但教练容易观察到。"

林思成:"教练,这个后设程序可以改变吗?"

教练:"可以的,一旦你意识到了自己的后设程序,就可以刻意练习,拉伸自己的后设程序,创造改变。前提是你知道其存在,并愿意改变。如果你不知道它的存在,就是 You don't know you don't know(你不知道你不知道),那改变从何而来呢?"

看到大家听得都很专注,教练继续说:"人和人之间为什么常常引起冲突呢?主要是因为我们都有自己的思维惯性,看问题的角度不一样。如果能够学会从别人的角度去看看,就容易产生同理心,并真正愿意站在对方的立场去解决问题。"

教练给大家介绍了 7 组后设程序:"抽象的、具体的""求同的、求异的""趋向的、回避的""内在参考的、外在参考的""匹配的、不匹配的""自我的、他人的""积极行动的、深思熟虑的"。

张莉问:"这个后设程序和平时的性格测试是不是差不多?"

教练:"后设程序比单纯的性格测试意涵要大得多。今天给你们讲的只是 7 组,实际上有 51 组,而且不断地扩大,另外,除了这 51 组,我们的敏感通道也算后设程序,例如有些人对文字敏感,跟他们沟通最好用文字,有些人对声音敏感,跟他们沟通的话用文字不高效,得开会面对面说,这些也是后设程序。再比如说价值观,这是我们看世界的滤镜,也属于后设程序。"

张莉:"原来后设程序的含义那么广。"

教练:"是的,而且后设程序不是用来给别人贴标签的,它只是我们多年以来形成的习惯和模式,是可以改变的。通过拉伸自己的后设程序,我们的阈值就被扩展了,就可以更好地包容对方。否则每个人都固守自己的后设程序,就好像两个人守着自己的山头,无法向对方走过去。"

孙扬:"教练,你的宝藏太多了。我要是早点学这个,估计前女友就不会吹了,我跟她的后设程序是完全反的。"

教练:"你说得特别好,大多数亲密关系在后设程序上是相反的,我们因为彼此不同而互相吸引,然后结婚后又因为彼此不同产生很多矛盾,可以说人生就是一场修炼,你的另一半、你的孩子、你的老板、你的同事,其实都是来修炼你的,都是你的功课。"

大家听了都若有所思,每个人都非常感兴趣,他们发现原来自我认知和认知他人有这么多奥妙。林思成也对这个话题饶有兴趣,他本来就希望大家能够多了解彼此,创造更深度的理解和信任。

教练请每个人对自己的后设程序打分,然后邀请其他人给自己照镜子,做反馈。例如林思成,觉得自己是"7分具体的,5分深思熟虑的",但团队给他的反馈是"比较抽象,下达的指令不具体,令团队发晕"。林思成很惊讶:"是吗?我还不够具体?我以为我平时给的指令已经够详细的了。"团队又反馈说:"你是在某些产品细节抠得细,这方面具体程度有8分,但市场开拓比较粗放,偏抽象,在这方面有4分,团队常常拿不准你啥意思。"此话一出,林思成才做出深刻的反思,原来自己跟团队的沟通并不是特别到位,以后市场开拓方面下达的指令得具体点。

教练补充说:"场景变换的时候,我们的后设程序也可能发生变化,因此后设程序是用来做自我觉察的,而不是拿来给别人贴上'你就是抽象的''他就是具体的'这类标签的"。

每个人都对自己的后设程序评估并打分,然后听听别人对自己的反馈,大家都很投入,这个后设程序的应用让自己对自己、自己对他人有了耳目一新的认知。

为了有更身临其境的体验,教练请大家把平时的冲突用戏剧的方式演出来,然后观察这些冲突中体现出来的后设程序。

赵子昂与梁军上演的一幕特别真实,就是平时冲突的呈现。

赵子昂:"你们技术部门怎么搞的,测试的工作做了那么多次了,还是出一堆的错,功能一多就垮了!"(语音语速特别快,语调特别高。)

梁军:"产品部门的要求太多,我们已经加班加点都做不完,你们能不能把标准定好,不要随随便便改需求。"(语速缓慢,声音很低沉。)

赵子昂:"产品功能是按照客户的需求设定的,客户是我们的上帝,他们要变,你们测试部门要灵活一点,随需应变嘛。"

梁军两手一摊,一脸无辜:"我们已经尽力了,要不你来干。"

他俩演得惟妙惟肖,旁边的人都乐得笑弯了腰。教练启发大家:"刚才的冲突里,可以观察到老赵和老梁不同的后设程序吗?"孙扬说:"太有意思了,老赵偏趋向,老梁偏回避,一直防守,老赵求灵活变化,他偏求异,老梁要标准,是偏求同的。怪不得我们平时开会时间那么长,其实都是'鸡同鸭讲',不在一个频道上嘛。"张莉补充说:"其实很多时候人和人很奇妙,同样的一句话,你跟这个人就说不通,但是跟另外一个人说就通了,看起来后设程序真的是我们沟通的底层桥梁。而且我注意到讲话的语音语调也很重要,讲话的方式方法也很重要。"

教练微笑着说:"是的,教练的方法里,聆听、提问、语音语调是基本功,都是有效沟通的关键,聆听是第一位的,只有深度聆听才能了解到对方的后设程序,从而进行调整,团队调整好了,各自的棱角都契合上了,团队就可以融合。"

大家正热闹地讨论着彼此的后设程序,教练冷不丁来了一个即兴发挥,邀请梁军和赵子昂交换位置,说现在邀请技术总监站在产品的立场说话,产品总监站在技术的立场说话。

两个人愣了几秒钟,接下来剧情迅速翻转。梁军代表产品部门发话了:"技术部门的同事们,不能蒙着头死做,要抓重点,减少失误。"赵子昂代表技术部门对产品部门提出建议:"产品部门的同事们,你们得学会对营销部说'不',如果每个功能都满足的话,产品成四不像了。"教练请他们分析一下现在自己立场变了说话也不一样了,有什么新发现?两个人憨憨地说:"真奇怪,交换位置,说出来的话,怎么味儿都变了呢。"孙扬捧腹大笑,说:"老赵,你说的这些,不就是平时老梁说你的吗?老梁说的话,就是老赵说的,太逗了。"大家在笑声中学到了很多,轻松地理解了什么叫作后设程序,什么是换位思考。

这种换位思考的剧情上演了几幕,基本上把平时的那些磕磕绊绊都以游戏和夸张的方式呈现了出来,旁边的人都笑得前仰后合。每上演一幕,教练就让大家把观察到的后设程序列举出来:老梁是偏回避的,老赵是偏趋向的,孙扬是偏匹配的,彭思宇是偏不匹配的……团队成员在互相照镜子,互相了解彼此的后设程序。赵子昂说:"怪不得我平时骂老梁,他就像个闷葫芦,原来他偏回避呢。那个孙扬比我还趋向,每天都主动到客户那里搞事情,拉着我们满山跑。"教练反馈说:"回避的后设程序更趋于保守，像守门员；趋向的后设程序更趋于激进，像前锋。"

孙扬不好意思地说："我发现我除了偏趋向，同时也是积极行动的，缺乏缜密的思考，很容易冲动，行为太鲁莽了。"教练反馈说："积极行动与深思熟虑又是一组后设程序，李婷婷和老梁就蛮深思熟虑的。"

李婷婷说："我发现我除了回避、深思熟虑，还比较求同，所以我喜欢处理已经熟悉的业务，一旦超出我的认知，就会产生不安全感。"教练说："求同与求异是一组后设程序：求同意味着喜欢标准、喜欢重复做同样的事情；求异意味着喜欢创新、喜欢刺激冒险、追求新鲜感。"

只有彭思宇，非常专注地聆听，一直都没有发表意见。其实他的内心也有很多的翻滚，他忽然发现，自己的模式很像父亲。他陷入了一阵沉思。

教练把大家的表现都一一看在眼里，尤其是观察到了彭思宇的反应。

其他人继续嘻嘻哈哈地互相调侃，在游戏中增进了了解，发现了很多平时都没有注意到的人与人相处微妙的部分。这个后设程序的观察以及换位的游戏让团队成员看到冲突背后的后设程序不同，并尝试站在对方的立场来思考。

剧场游戏结束后,团队成员坐下来总结:为什么我们会引发那么多冲突?大家说:我们并不真正地理解彼此,我们固守着自己的模式,不愿意向对方走去。

教练说:"假如我们都拉伸一下自己的后设程序,既可以是抽象的,也可以是具体的,既可以是趋向的,也可以是回避的……假如我们在后设程序的两头来回游走,自由地根据情境变化而变化,将会成为什么样的人呢?"

孙扬说:"那就太神了,我们都是最厉害的领袖吧?"

林思成说:"那得需要多次的刻意训练呢。"

通过后设程序的学习、剧场游戏、换位思考,大家发现团队冲突的背后真正缺的是深度的彼此理解和同理心。教练邀请团队成员进一步做同理心的建设。

团队现在已经比较熟悉教练的方法了,就是看起来不经意地,把一些重点拎出来,带着团队发生改变,"在体验式的游戏中取得收获"。教练并非只是简单地玩游戏,而是在玩的过程中,通过聆听与提问,不断地给予反馈,整合团队,帮助团队求同存异,提升默契。林思成已经慢慢体悟到教练真正的价值了。

看到大家那么期待,教练说,这个谈话叫作"我的小时候"。每个人都回忆一下从小到大印象最深刻的事,其他人不光要听故事,还要从这个故事里听到对方最看重的价值观是什么。上文说到，价值观也是后设程序的一种，因为它是我们看世界的一种滤镜。

第一个发言的人是孙扬。他说自己从小在城市里长大，父母管教自己比较宽松，从小没有受过什么苦，印象最深的是小时候自己不爱读书，上课就喜欢叽叽喳喳地讲话，中学时遇到了一个语文老师，特别欣赏自己，让自己担任语文科代表。从那以后，他就认真学习，后来成绩也越来越好，考上了重点大学。自己没有受过特别大的挫折，比较阳光，性格活泼开朗。

教练问团队，"大家听到孙扬有什么价值观呢？"大家说："自由，好奇，阳光。"孙扬说："都对，还有一个，感恩。我特别感恩那个欣赏我的老师。因此我一直奉行滴水之恩当涌泉相报。"

接下来是赵子昂，赵子昂说自己是家中老大，下面有弟弟妹妹，父母都是老师，父亲还是校长，他们希望自己能成才，所以从小对自己很严苛。小时候考试，如果不是前三名，就会被父亲严厉训斥。有一次他考了班里第五名，不敢回家，害怕被父亲揍，一直在外面游荡到半夜才回去，没想到还是被等着的父亲逮了个正着，教训了一顿。也许是因为父亲常常批评自己，赵子昂也常常批评指责他人，不仅是批评别人，他也会指责自己。父亲虽然很严厉,但人品很好,常常接济穷困学生,替他们交学费、买学习资料。父亲去世多年,现在每年都还有很多学生来探望母亲,以感谢当年父亲的恩德。言传身教下,赵子昂善良正直,脾气耿直,敢怒敢言,什么都抢在前面,不计较,到哪里都像一位兄长。

教练问团队,"大家听到赵子昂有什么价值观呢?"大家说:"责任,担当,奉献,自律。"赵子昂补充说:"'爱',这是我最重要的价值观。父亲去世的时候我在外地上学,没有见到他最后一面,我以前对他的严苛一直耿耿于怀,我跟父亲不亲近,也很少说话。如果重来一次,我一定要好好陪父亲,表达我对他的爱。这份爱的背后,还有'原谅',我以前没有原谅我父亲,也没有原谅我自己,我对自己很严苛,同时也把这份严苛给了别人。"赵子昂说到这里,鼻子有些酸酸的,听的人,内心也有很多的回响。当我们拥有一段关系的时候,并不懂得珍惜,等失去的时候,却留下好多的遗憾。

教练问赵子昂:"这份爱的背后,我听到的是你需要和解。与父亲和解,与自己和解,是吗?"赵子昂抹了抹眼角的泪水,点点头。

教练说:"和解从自己开始,先接纳自己,与自己和解了才能与周围的人和解,才有力量与世界和解。"赵子昂默默地点点头。每个人都在心里回响教练的话——"我与自己和解了吗？我与周围的人和解了吗？我与世界和解了吗？"教练的话像是一股暖流，在人们的心中慢慢地流淌、回转，又创造更多的暖流，生发出更多的回转。人与人之间，如果放下那些深深的隔阂，真诚待人，可以真实地互相看见，让彼此感受到温暖和支持，这是多么的美好。

一阵静默之后，梁军开始讲述自己的故事。梁军从小在农村长大，父母是农民，没有什么文化，但很重视自己的学习，再苦再累也会供自己读书。梁军下面有五个弟妹，他从小既要带弟弟妹妹做家务，还得挤出时间读书，是靠坚韧熬出来的。后来梁军靠自己的艰苦努力考上了大学，他是那个小县城里唯一的大学生，村里的乡亲们凑出几百元给他做路费，他就这样带着满满的期待，来到北京上大学。上学的时候很艰苦，常常是咸菜加馒头，寒暑假就到处打工挣钱。后来遇到林思成，被其人品吸引，感恩林思成对自己的信任、放手把技术研发交由自己负责。回想从小到大的成长，老梁也意识到自己像个老黄牛，吃苦耐劳，任劳任怨，同时也比较僵化，性格内向，不懂得变通。

教练问团队，"大家听到老梁有什么价值观呢？"大家说："责任，担当，奉献，艰苦奋斗。"赵子昂忽然发现虽然自己的性格与老梁不同，但自己的价值观与老梁很像，赵子昂伸出手与老梁握手，表示"咱们俩是一个战壕里的"。

李婷婷是普通人家的孩子，从小外语好，学的文科，后来进了外企，一直在外企从事财务工作。李婷婷进入智慧科技是拿着比原来在大企业低很多的薪水进来的，以李婷婷那么保守的性格，愿意自降收入，且智慧科技现阶段还没有做股权激励，图什么呢？大家对此不是特别理解。这时李婷婷就把话锋转到了林思成身上。李婷婷说："主要是因为林思成。当我遇到林思成的时候，被他的梦想打动了。而且，我知道一个你们都不知道的秘密。"

说完李婷婷看着林思成，意思是："我可以说吗？"

林思成很大度地摊开手说："我有什么秘密，我对大家都是坦荡荡的。"

李婷婷慢悠悠地说："其实你们都不知道，林总扛着那么大一家公司，压力是很大的。近两年受疫情防控影响，很多客户都停产了，咱们有不少款项收不回来，年初的时候，林总把自己唯一一套房子拿去抵押了2000万元，来给我们团队续命的。所以你们之前说我不批钱，以咱们现在的状况，能不裁员就已经不错了，大家得理解一下林总有多不容易。我就是被林总的这份情怀、这份梦想打动了。最重要的是他的人品，如果不是因为这些，我是不会自降收入进来智慧科技的，我希望跟一个有魄力的老板做点事，对自己的人生有一个交代。我相信你们也怀着同样的想法。"

林思成没有想到一向那么安静的李婷婷把这个事情说了出来，他有些不好意思，说："哎呀，那不是，遇到经济情况不好嘛，我是创始人，我不出来担着谁担着呢？我们这一群人虽然普通，但做的事业不普通，人这一辈子不容易，总得为世界留下点什么。"

团队听着，很安静。大家心里都有些说不清楚的东西在翻滚，不好受。

过了一会儿，孙扬轻声问："我嫂子知道吗？"

林思成："她不知道。我也不希望她知道，你们都得保密啊，尤其是你！"林思成用手指着孙扬。孙扬从一毕业就跟着林思成，把林思成当成自己的兄长，他和林思成的太太很熟。

赵子昂说："公司艰难我是知道的，只是不知道林总还抵押了自己的房子。我觉得不能让林总一个人扛，公司有困难，我们应该一起扛。"

"对，一起扛。"孙扬一改平时嘻嘻哈哈的样子，郑重其事地说，"如果需要的话，我自愿降薪，不拿工资也行。"

赵子昂、梁军、李婷婷纷纷表态，要一起来扛过寒冬。

梁军的眼眶有点湿润，他说："林总的情怀我是知道的，特别不容易，来，敬你一杯！"

说完梁军先干为敬，其他人也郑重地举起杯子，林思成很感动，说："来，为一群普通人的梦想，为我们一起扛，干杯！"

这时候不需要教练发话，大家纷纷提炼李婷婷、林思成的价值观，"责任、信任、成就"，尤其是那句"我们总得为世界留下点什么"，让人特别感动，这个价值观是"传承"。

当所有人都讲完自己的故事之后，只剩一个人没有讲了，那就是彭思宇。

彭思宇见大家很期待地看着自己，推托不掉，于是沉默了一阵儿，开始讲自己的故事。

平日里彭思宇比较高冷，大家都没怎么听过他讲自己小时候的事儿。彭思宇出生在一个穷苦的村庄，很小的时候母亲就去世了。从七岁起，父亲迫于生计到城里打工，他一个人留在乡下生活。由于父亲的收入不稳定，寄回来的钱也是时有时无，尽管村里的人对他挺好也常常照顾他，但彭思宇童年过得还是非常艰难的。父亲长年不在家，使他成了留守儿童，小小年纪就自己煮饭，要不就到周围邻居家吃百家饭。家里的房子年久失修，下雨时常常漏水，他只能用破脸盆来接水。童年的多少个夜晚，他都守着四面漏风的墙，坐在角落里痛哭，他觉得自己被父亲抛弃了，这个世界没有人真正关心他。10 岁那年,父亲回来看过他,留下的话也是冷冰冰的,父亲要他好好读书,留下了一些钱,就头也不回地走了,这一别,此后再也没有相见。彭思宇觉得父亲太自私了,不顾年幼的自己。后来他发愤图强,学习成绩在县里是最好的,他一心想要考上好学校,离开这个穷苦的地方。讲到这里,彭思宇鼻子发酸,声音哽咽。为什么今天在后设程序的观察中他发现自己像父亲,因为他的父亲就是冷冰冰的、偏自我的,自己不也是冷冰冰的、偏自我的吗?

大家都沉默着,安静地听他讲。

等彭思宇讲完了,教练轻声问思宇:"为什么刚才你那么感动,可以分享一下吗?"彭思宇说:"我发现我很像我的父亲。一方面我恨他从小就没有关心过我,但另一方面我也很像他,冷酷无情。我发现了自己的价值观,以前我以为是出人头地,是成就,其实不是的,我真正在意的是温暖和爱。我从小到大缺乏温暖和爱,我想把这份温暖重新找回来,送回我的家乡去。"

除了林思成知道彭思宇的成长经历,其他人都是第一次听彭思宇讲自己的故事,他们都很惊讶,也很受触动。现在他们开始理解彭思宇为什么总是一副冷冰冰的样子,他的智商很高,但高冷的外表下,是一颗孤独的心。

其中赵子昂的触动最大。他也有一个严苛的父亲,某种程度上他觉得自己和彭思宇同病相怜，缺乏父亲的关爱和认可。以前他一直以为彭思宇自私、傲慢、阴阳怪气，不乐于助人，以为他人品不好，其实不然，今天他看到的是另外一个彭思宇，在厚厚的盔甲之下，是孤独的，渴望爱和温暖的一个人。那些厚厚的盔甲，只是他多年来用以保护自己的方式而已。职场中，又有谁不是戴着盔甲呢？只是有些人的盔甲厚，有些人的稍微薄一些而已。

赵子昂站起来，走到彭思宇的身边，拍拍他的肩膀悄悄地说："哥们儿，以前我不知道你的故事，现在你的故事打动我了。"

彭思宇淡淡地一笑，说："我从来都没有讲过自己的故事。谢谢你做我的听众。"他说完无意瞥了一眼教练，教练也在温柔地看着他。彭思宇感觉到教练的眼神里也饱含温暖和期待。

赵子昂："我说说我的感受吧。之前我一直觉得你不乐于助人，自我，喜欢冷嘲热讽，现在我有点明白了。虽然我无法想象你经历了什么，但我能理解你，我的父亲也是我的一门功课。"

彭思宇："可能我这个人比较冷漠吧，没安全感，又很自傲。"

赵子昂："我懂我懂，今天咱们把话都说开了，以后咱们再遇到什么问题一定要敞开说,别互相指责。哦,对了,我先自我反省,我喜欢批评别人,以后我要是再这样,你就提醒我。"说完,赵子昂伸出大手使劲地握了握彭思宇的手。

一切都是那么自然真诚,两个哥们儿搭着肩膀又回到了大家的讨论中去。赵子昂感觉到自己和思宇之间那些不愉快在慢慢地消失。虽然他知道彭思宇这么多年的习惯不可能因为这一次敞开心扉就彻底改变,但他主动伸去橄榄枝让彭思宇的心开始慢慢地打开,这一点他是确定的。

这时候赵子昂听到教练在问:"我们团队大多数人都拥有的价值观是什么?"大家讨论后一致认为是"爱、阳光、传承、责任"。

教练问:"你们发现了什么?"

团队:"传承很重要!阳光的平台,就是我们的传承啊!"

这个夜晚的团队对话,以一种奇妙的方式展开,彼此敞开心扉,更妙的是教练时不时地问大家价值观是什么。以前听别人说故事,感觉就是探讨八卦而已,现在我们忽然听到了价值观,发现这群人不是无缘无故地聚在一起,我们确实是被同样的梦想所吸引,而且都有一致的价值观。价值观,原来不是冷冰冰的墙上的口号,它们存在于每个人的心里,并且常常砰砰地发出有力的声音,在召唤每一个人!

第三节 回归初心，点燃愿景

第二天，智慧科技开展团队教练工作坊。有了前一天走心的谈话，大家照见了每个人的后设程序和价值观，今天的这场工作坊，让大家内心特别期待。

几句寒暄过后，教练问大家还记得PEAK吗？部门总监们都笑着说："我们现在开会都用PEAK呢！"教练笑了："真好，那么我们就从PEAK的P（成果）开始，咱们今天想要取得的成果是什么？"

这一次大家已经能够比较熟练地应用"成果导向"了，纷纷写下了自己今天的期待。墙上贴了10张小纸条，大多数人期待的成果是"更稳定的产品，更满意的客户"。在这次的总结会上，大家都反思了上半年频频出现的系统宕机导致的客户投诉，学会了成果导向后，团队成员之间明显少了很多指责和推诿，更多的是探讨未来如何避免发生此类状况，如何更好地满足客户的需求。

教练邀请每个人都充分地表达了自己的观点，然后特别邀请赵子昂和梁军上来讲讲。

赵子昂说："以前我们的系统一出问题，就会被客户骂，被销售团队骂，大家心里都很不好受。"

梁军说:"我们更惨,我们负责技术测试,系统出问题,我们还会被内部的同事骂。"梁军说完故意看了赵子昂一眼,两人相视一笑,教练看到两个人开始有了眼神交流。

教练问:"如果我们仅从问题出发来看问题,是没有答案的。爱因斯坦说过一句非常有哲理的话:人类无法在创造问题的同一层次上解决它,只有去到更高的层次向下解决下一层次的问题。"

说完,教练转身在白板上画了一个大大的三角形,这就是林思成第一次见到教练的时候,很受触动的价值观逻辑层次图。

教练从上到下介绍了一下价值观逻辑层次,上三层是愿景、身份、价值观,下三层是能力、行为、环境,上三层对应的是关于"why"的思考,下三层对应的是关于"how"和"what"的思考。"昨晚我们聊得最多的就是价值观,为什么价值观那么打动我们?因为它处于上三层,是对人生意义的思考。人生有三大哲学问题:'我是谁?'这对应身份的思考,'我从哪里来?'这对应价值观的思考,'我到哪里去',这对应愿景的思考。"

简单介绍后,教练问大家:"你们平时在上三层思考得多,还是在下三层思考得多呀?"

又是孙扬踊跃发言:"肯定是下三层啦!我们每天都在

'救火',哪里有上三层?"

大家又哄笑起来。赵子昂总是被孙扬提出来的各种客户需求搞得疲惫不堪,平时都不愿意搭理孙扬,现在却同意孙扬的看法,连连点头称是。彭思宇手里拿着个小扇子扇风,笑眯眯的,看样子也很同意团队平时的状态都是在"救火",很低效。

教练又问:"假如我们可以多思考上三层,多想想为什么,把上三层想清楚了,团队会有什么不一样?"

赵子昂说:"那就太不一样了,现在每天我们都在测试、修补,其实可能大量的工作是重复的甚至是没有必要的,如果大家都能回到上三层思考,思考为什么要这么做,肯定可以大大提升效率。对吧?"他说"对吧"的时候,特地把头扭向孙扬。孙扬瞪了赵子昂一眼,表示"你看我做什么"。

赵子昂说:"说的就是你啊,就是你把我们所有人都搞得人仰马翻,乱七八糟,不看你看谁?"

孙扬说:"话可不能这么说,那可不是我搞你们,是客户要求就是这么多!"

教练微笑着提醒大家:"来来来,再复习一下团队公约:积极正向,绿色发言,无评判、无指责。用解决方案来代替问题本身。"等大家安静了下来,教练问:"客户的要求就是这么多？这句话用解决方案的方式来表述是什么呢？"

孙扬说："就是如何高效地满足客户的需求。"

教练问孙扬："高效。从效率来讲我们做得如何？我们如何管理客户的期待呢？可控因素有哪些？"

这下说中了孙扬的心病，他自己也知道管理客户需求方面，自己做的确实不够。他一时半会儿没答案，于是乖乖地坐回位子上，拿出笔认真地在本子上记录下来教练问的话："我的效率怎么样？如何管理客户的期待？可控的因素有哪些？"

教练让孙扬先想想，回过头来继续启发大家："假如回到上三层思考，客户的需求对我们而言为什么那么重要，我们的价值又是什么？"

"我们能帮助客户实现线下与线上整合营销。"

"我们能帮助客户做好透明化管理，例如会议流程、财务报销，提高效率。"

教练听到这里，说："我可以给大家一些反馈吗？"大家安静地听着。教练说："当你们说帮助客户实现线下与线上整合营销、管理会议流程，这些像是逻辑层次中哪个层级？"

团队中好几个人都说："行为和能力。"

教练："那回到价值观，是什么呢？我听到了透明化，你们怎么想？"

孙扬说:"透明化是我们创业的一个初心。"孙扬是最早跟着林思成创业的联合创始人,他知道林思成的初心和梦想。

教练说:"其他人都知道林总的创业初心吗?林总当初是为了什么而创业的呢?知道的请举手。"

台下只有三个人举手,一个是孙扬,另一个是赵子昂,还有一个是梁军。

教练说:"看起来大部分人并不知道林总当年创业的那段经历?那我们请他上来说一下好吗?"教练示意林思成给大家讲讲。

林思成腼腆地笑了笑,站起来,说:"其实也没什么好说的,我当年创业,最早就是因为当导游的那段经历。"接下来,林思成把自己当年做导游的时候内心的挣扎、对良知的扪心叩问,以及后来出国留学,回来创业,给大家又详细地讲了一次。

林思成的故事引发了大家的共鸣,台下的9个高管,都听得津津有味,眼神特别专注,神情特别投入。教练看到的,是整个团队都在被这个故事感动,团队的同理心正在创造一个新的合作氛围。

林思成讲完之后,久久不能平静,仿佛又沉浸在往事之中。而大家都被他当初"要做最阳光、最透明"的科技平台所打动。

教练笑着调侃大家："怎么，你们都不知道这些故事吗？"

赵子昂说："知道是知道，有一次在饭桌上，林总说了，只是没有说得这么有感情，这么身临其境。"梁军说："后来新加入的一些总监，基本上听到的都是二手的了，没有像今天这样听林总亲自讲过，这种感觉真的不一样，林总的发心太了不起了，肃然起敬。"这两个平时的冤家，今天好像是同盟军一样，互相附和，林思成的故事都触动到了他们的内心世界。如果说上一次电话会议的团队教练让他们彼此开始了直接沟通，昨天的走心谈话让他们之间产生了一些更深层次的价值观共鸣，例如，赵子昂和梁军都有相似的价值观，责任、担当、付出，而今天则是在愿景层级上的认同。

教练又问大家："我发现这个故事让你们很感动。价值观的力量就在于我们不是无缘无故聚在一起创业的，为什么你们会选择这家企业而不是其他企业？你们的梦想是什么？"

赵子昂说："我的梦想是创造世界一流的互联网产品。"

彭思宇说："我的梦想是建个新能源水电站。"这个梦想超出一般人的认知，大家不由得嘻嘻哈哈地笑起来。

孙扬说："老彭，我怎么觉得今天不像你啊，上次你不是说表扬的话要来点实际的物质奖励，怎么今天那么理想主义了呢？"

但彭思宇说得很真诚，完全不理会他人的目光，他说："我说的是真的，为什么我对建水电站感兴趣，因为我们那个小村庄太穷太苦了，一直都没有电，我小时候想看书都看不成，只能凭记忆来复习白天的知识。我想为村里的人建个水电站。如果有个水电站，家家户户有电灯，孩子们晚上可以读书，有了知识，也许他们就可以走出去看到更广阔的世界。"说完，他一扫往日那种冷冷的嘲讽的笑容，而是满怀期待地看着大家，刚刚嘲笑他的人也收敛了笑容，气氛明显有了一些变化。

大家联想到昨天晚上彭思宇讲起小时候的事情，发现他那高冷的外表下也有一颗温暖的助人之心，这颗助人之心外面裹着一层坚冰，而坚冰在慢慢融化。

本以为刚才那么感人的梦想会继续激发其他人，没想到孙扬的发言又是一枚大炮："我的梦想是拥有一套大 house！"他讲完，又惹得大家哄堂大笑。孙扬很认真地说："我的梦想也是很伟大的呀！你看我买房，和我媳妇好好过日子，生三个孩子，这不是也响应国家号召吗？"林思成不由得笑了，说："行行行，你买大 house，我们一起去你家庆祝，搬家的时候我们好好地给你暖房！"

梁军、李婷婷、张莉，每个小伙伴都充满向往地表达了自己的梦想，每个人的梦想都在这个普通的会议室里闪闪发光，大家内心都很澎湃。

谁说普通人就不能拥有梦想？谁说普通人的梦想就可以被忽略？

看到这些普通人的梦想是那么真实，那么触动彼此，教练感慨道："我们选择一起创业，是因为有一致的价值观、一致的身份、一致的愿景。我们都是为了给世界留下点什么才聚在一起的，你们同意吗？"

大家的手高高地举起来，其中几位还举双手赞成。

教练眼里也闪烁着光，教练被现场团队的激情感动着，她顿了顿，说："现在我邀请你们充分地讨论一下，我们这个团队的愿景是什么？我们所为何来，又去往何方？"

经历了刚才林总的一番"高光时刻"的演讲，每个人都充分地表达了自己的梦想，教练邀请大家一起画一幅愿景图，把每个人的梦想都整合到团队的大梦想里。教练强调的是：每个人都要画，好不好看不重要。于是大家纷纷站起来，拿起彩色笔，在一张大白纸上画下自己的梦想，这上面有10年后智慧科技的高楼大厦、乡村里的水电站、高级的大house，还有太阳发出温暖的光芒……在这个团队的大愿景中，每个人都实现了自己的梦想。大家在画面上提炼出的愿景是"智慧科技，让世界洒满阳光"。

一群人不断地为这幅愿景图添加色彩，在这个过程中人类的视觉脑正在发挥其想象力，把平时想不到的都创造了出来。

最有趣的当数孙扬，他把一只鸟画到了太空，他画的时候很陶醉，赵子昂在旁边冷不丁笑道："哎，怎么看起来像一只煮熟的鸭子呢？"惹得孙扬白他一眼，说："你厉害，你来！"

赵子昂留意到自己又开始指责批评他人啦，他一边用手拍了一下自己的嘴，表示嘴欠，一边帮助孙扬一起，把那只煮熟的鸭子画成一只美丽的飞鸟，在太空翱翔。其他人又添上几笔，在这一只鸟后面画了一群鸟。

教练继续问大家好玩的问题："假如用自然界里面的一样东西代表你自己，你最想成为什么？"团队成员七嘴八舌的，林思成说"太阳"，赵子昂说"土壤"，孙扬说"飞鸟"，李婷婷说"向日葵"，梁军说"树"……教练邀请大家提炼这些自然界的东西具备什么样的品质（价值观），这个问题引出很多价值观，例如太阳代表阳光、温暖、奉献；土壤代表奉献、责任；飞鸟代表自由、力量；向日葵代表阳光、信任；树代表责任、担当……哦，原来大家口中的太阳、土壤、飞鸟、树就代表了身份，而他们具备的品质就是价值观！教练正在通过一个"高级隐喻"的体验活动，带着大家去探索自己的身份和价值观。

愿景、身份、价值观，在这样温暖而又流动的团队活动中，越来越清晰。

教练继续邀请大家，提炼出来团队一致想要的身份是什么？经过热烈的讨论，大多数人都喜欢"逐梦者"，孙扬还特别解释了一下："你看，我们刚才画的这一群鸟，它们向着太阳飞，向着光明飞，不就是去逐梦吗？"大家在笑的同时，表示认同。

教练问大家："还记得昨天晚上我们聊过小时候的故事吗？你们有没有发现昨天谈到的价值观和今天谈到的价值观有什么关联？"

每个人都回忆了一下昨天晚上走心的团队谈话，忽然发现今天谈的价值观和昨天的比较一致。

教练："每个人的价值观虽有不同，但存在共性，彼此包容，想想哪些价值观可以包容其他的价值观？咱们把个人的价值观整合到一起，就形成了团队最重要的几个价值观。"

团队成员讨论起来，最后提炼出智慧科技团队最喜欢的四个价值观："爱、阳光、责任、传承"，我们是一群逐梦的飞鸟，担负起各自的职责，努力地实现自己的梦想，给世界带来爱，而且一直传承下去。此时此刻，整个团队的能量在沸腾着，大家不仅看到了自己的未来，也看到了团队成员一起共创的未来，而这个未来里面又包含了自己的未来。

团队进一步以终为始，画出 3~5 年愿景、2~3 年愿景、1 年愿景。当团队把 1~5 年智慧科技的三条业务发展曲线画出来的时候，每个人都感到非常自豪，也非常的自信。这三条业务发展曲线代表的是实实在在的愿景路径，让每个人心中都看到了梦想实现的可能性。（如图 1-4 所示）

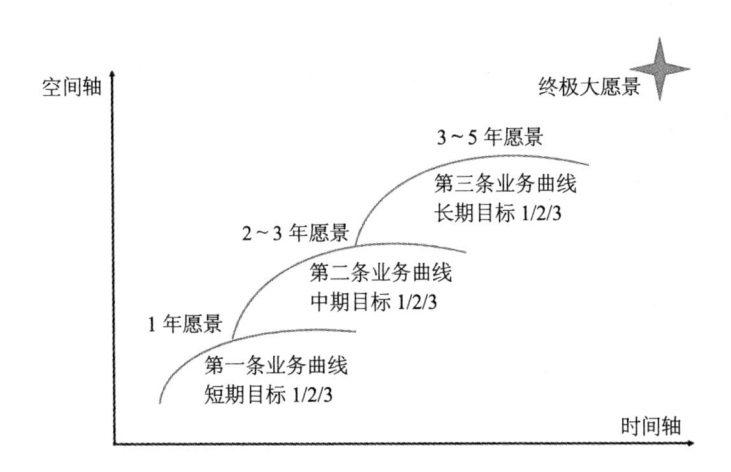

图 1-4 三条业务发展曲线

仅用半天的时间，对上三层充分的畅想给团队创造了高光时刻，每个人的头脑变得更加开放，针对早上提出的成果——"更稳定的产品，更满意的客户"，下午教练带着团队迅速地创造出很多以前没有想过的方法，这些创意远远超出了林思成的想象，令他耳目一新。

而且由于这些方法是团队成员自己总结出来的，所以在行动意愿上表现出前所未有的积极性，大家纷纷地举手认领任务清单，很快就制订好行动计划并且将其分配到各个部门。

以下这几个行动计划是团队觉得特别重要的：

1. 我们需要养成复盘的好习惯，不隐瞒坏消息，坦诚面对自己的错误。

2. 我们需要学会系统地框架地做产品、做测试，严格遵守测试的步骤，不可以跳步。

3. 我们是"逐梦者"，光明磊落，积极正向，要努力给他人带去温暖。

当教练请大家谈谈自己的收获时，赵子昂第一个发言："以前我们的产品出了故障，我就去指责孙扬，指责梁军，指责彭思宇，其实是我自己的问题更多，从今以后，我会多问责自己，多向大家学习，也希望你们多帮助我。我们一起来创造出世界一流的互联网产品！"说完他向大家深深地鞠了一躬。

听到赵子昂这么诚恳地反省自己，孙扬有点惊讶，他马上站起来说："不不不，老赵你是一个负责任的人，是我太想要业绩，总是尽量满足客户的需求。从现在起我也需要好好地改一改，多问问自己关于 why 的问题，避免让团队应付客户的需求疲于奔命，反而把最重要的事情给忘了。"

梁军一向内向，他只是憨憨地笑了笑，抱拳说："收到！"

唯一没有开口的是彭思宇，他脸上露出一点惭愧的表情，但转瞬即逝。教练把这些都看在了眼里。

不知不觉地，一天过去了。这一次团队教练让大家平日里乱糟糟的心沉淀了下来，重新找回创业的初心，回到了企业发展的正轨上，大家觉得这种状态很奇妙，仿佛又找到了方向，并且带着温暖和动力前进。

团队成员总结发言的时候，大家纷纷表达：以前我们常常是低头拉车，忘记了抬头看路，平日里只顾"救火"，很少有机会畅谈自己的梦想，畅谈团队的梦想。以前公司讲愿景，我们觉得像是画大饼，我们觉得跟自己没什么关系。现在自己来讲、团队一起创造，亲手来画，就非常真实，而且这幅愿景图中有自己的愿景，这令人特别感动，自己在上三层思考，站得高看得远，心里更笃定了。再落地到能力和行为层，瞬间觉得什么都不是问题，因为自己想要成为"逐梦者"，所以会排除万难。以前是林总要我们做，我们不知道为什么做，现在我们自己找到了做事意义，就更没有什么障碍了。站在上三层思考，想清楚了 why，那么 how 和 what 都不是问题！

看到团队成员有那么多的收获，林思成也很感慨。在这个过程中，他发现团队一直都让自己非常感动，他们也是一群阳光的、正向的青年，而自己能不能做好这个船长，带着他们奔向阳光的世界，这是内心使命的召唤，他越发觉得以前的思路太窄，整天在下三层给团队发号施令，没有调动团队的智慧，让他们找到自驱力自己往前奔。通过这一次团队教练，他越发地开放，也发现这样的效果更好，同时他暗地里也非常庆幸自己在创业的路上请到了一位卓越的教练，助力团队去完成这份使命。

第四节　团队携手，面对新挑战

接下来的日子里，团队还是一如往常地运作着，林思成却明显地发现团队有些不一样了。

团队之间的沟通比往常频繁了，赵子昂的变化比较明显，他以前脾气火暴，总是埋怨技术部门不行，埋怨营销部给客户太多的承诺。现在的他开始积极正向，从"我们可以做什么，我们的成果是什么"来思考，少了很多负向情绪。

在赵子昂的影响下，孙扬和梁军也被带动起来。上次教练问孙扬的三个问题,他现在常常问自己:"从效率来讲我们做得如何?我们如何管理客户的期待呢?可控因素是什么?"以前孙扬会无条件地站在客户那边,常常指责赵子昂和梁军说他们没有满足客户的需求,现在他学会了多聆听,用解决方案的方式表达自己想要什么,而不是一味地否定同事的想法,并且积极地去与客户沟通,尽可能地在客户的需要和工作负荷之间做好平衡。梁军以前比较内向沉默,遇到指责他会心中不满并选择回避,平时也不怎么与其他部门沟通。现在的他,愿意参加其他部门的业务会议,尤其是愿意参加赵子昂组织的会议,并主动地寻求方法改进技术。

赵子昂和彭思宇的吵吵闹闹少了很多,经过了两次团队教练后,他们之间的沟通也有了一些微妙的变化。彭思宇偶尔还是会冷嘲热讽,但明显比以前要好很多,也许是团队里其他人渐渐开始理解他的缘故,他的表达更正向了。

正当团队开始有一些起色的时候,接下来在一次项目沟通会上,团队又遇到了新的挑战。

这一次的挑战来自客户的一个紧急需求。

几个月前林思成去广州之前中标的 BC 国际集团,是一个世界 500 强大企业,它们购买了智慧科技的产品,希望在半年内就可以上线,时间紧任务重,几位部门负责人紧急开会商量怎么办。

客户已经有好几个复杂的系统，现在购买智慧科技的产品，是希望通过智慧科技的线上线下整合营销系统，把老的 IT 系统、供应链系统上下游打通。这个项目从一开始就非常复杂，这也是为什么几位部门负责人为了这个标争吵不休，林思成无奈之下亲自挂帅夺标的缘由。虽说当时客户给智慧科技的技术分和商务分都不错，但回到实际操作层面上来讲，这个项目的复杂程度对智慧科技来说是前所未有的。

林思成简单地开个场，请大家都说说自己的看法。

首先发言的就是孙扬，他说："咱们与竞争对手相比较肯定是有优势的，客户在市场上也找不到第二家可以符合他们那么多要求的公司。"

赵子昂说："我们虽然可以满足客户的需求，但也得看需要付出的时间成本。还有客户的系统那么复杂，6 个月就上线，我觉得太有挑战性了。"

梁军说："我们以前做的没那么复杂，全球化企业是第一次。"

孙扬："现在客户是第一期上线，如果第一期都做不好，那就不可能有后面的项目。这个项目如果做下来，就会成为业界的标杆了，以后谁都会说，智慧科技做的系统多牛！"他尝试着用愿景激励大家。

彭思宇轻蔑地笑了笑，说："你说得轻巧。这么复杂的项目，按我们的实力，其实根本就搞不定，当初就不应该去接这个项目。"看，即使之前的彭思宇觉察到了自己的问题，但改变并非一朝一夕，人的惯性模式时不时地又会跳出来。

孙扬受到质疑，瞬间就从云端的愿景跌落尘埃，他火了："那照你这么说，咱们辛辛苦苦地打单还打错了？你就会说风凉话！"眼看着这几位总监又要争吵起来了。

这个节骨眼上，还是林思成脑子转得快，他说："还记得教练启发咱们的吗？互相帮助，互相信任，有目标，有协作。咱们现在做到了吗？"

果然是一语惊醒梦中人。林思成一提醒，大家就安静下来了，你看看我，我看看你。怎么咱们刚才又倒退回那个互相鄙视、互相内卷的团队了？

赵子昂反应最快，他想象自己就是教练，接过林思成的话，问大家："咱们都试图证明自己的看法是对的。上次教练来的时候就启发了我们，真正重要的不是证明自己是对的，而是一起形成合力，把这个项目做好。你们还记得教练说'用解决方案来代替问题，叫作成果导向'。咱们想要的成果是什么呢？"

大家用教练教过的方法，用一句话提炼自己心中的成果，再交换意见。

赵子昂说："我先说啊，就是怎么样把这个项目做好，做到客户满意，让公司盈利。"

孙扬说："成果就是让客户满意，让公司继续拿到订单。"

梁军："成功上线系统。"

彭思宇："运营成本可控，团队开心。"

李婷婷："风险可控，成本最低，效益最大。"

最后大家交换完意见，得到的就是"客户满意，成本可控，成功上线系统"。

赵子昂："看起来我们的目标一致，那比这个更重要的是什么？换句话说，有了什么我们就可以完成这个目标？"

大家又开始讨论起来。

过了一会儿，孙扬说："其实是信心。我觉得我们对这个项目的信心不足。"

梁军："嗯，是的，我们缺乏一些比较好的方法和指导。我们以前做测试的方法比较土，都是基于自己的摸索，我们并不知道那些国际化大企业是怎么做系统怎么上线的。"

彭思宇："我早就说过我们这个团队是游击队，人家那个是集团军，怎么可能搞得定？"

彭思宇这话一出，其他人都齐刷刷地看着他，异口同声地说："请正向，绿色发言！"

彭思宇意识到自己又习惯性地负向评价，让大家都不高兴了，他不好意思地说："好好好，我的意思是，咱们得改进一下工作方法，不能总是蛮干对吧？其实很多时候软件测试和上线都可以用规范的方式做，我们只是缺乏决心去突破自己而已。"

梁军："你说得倒挺容易，要不你来做做看？"

彭思宇："你不会做，可以学嘛，客户就是正规军，向客户学习，最后你也变成正规军，不好吗？"

本来彭思宇讲的话句句在理，但当他用这种语气讲出来的时候，梁军觉得被冒犯了，仿佛自己是个老顽固，放着好好的方法不去学不去用，显得自己像个傻瓜一样。

眼看两个人又要"打"起来了，赵子昂往他们俩中间一站，隔开彭思宇和梁军，说："这样吧，我们都分头想想，升级团队的能力是势在必行的，我们一起来帮助老梁做规范化。"

赵子昂又回头看着孙扬说："你觉得怎么样？客户那边需要你来协调，看看是不是做好需求的优先次序，并开放一些资源和内部流程，我们好对接？"

孙扬挠了挠头："客户那边，唉，不好说。主要是关系太复杂了,我试试看吧。"

赵子昂:"回头我们三个开会,看看怎么落实跟进。"

这一次让林思成欣慰的是,他看到了几位团队成员都有所变化,尤其是赵子昂,关键时刻挺身而出,帮助团队做融合共建,这点特别出彩。另外,林思成看到团队内部还是存在犹豫和分歧,虽在他意料之中,但也让他认识到这个项目太有挑战性,事关重大,需要再请教练来帮助团队有更好的全局观,进一步地创造团队的协同,否则可以预见的是,万一项目做砸了,将会给智慧科技带来意想不到的后果。

于是,自然就有了第三次团队教练工作坊。

第三章 打破隔阂，建立全局观

第一节 西湖边的谈话

这一次教练飞到美丽的西湖，因为智慧科技的客户 BC 国际集团就在杭州，团队也会在这里召开关于项目的准备会议。

傍晚，林思成与教练在西湖边散步，景色优美，长长的柳枝垂下来，湖面上波光粼粼。林思成叹了一口气。教练问："林总好像心事重重？"

林思成："是啊，前几个月，通过你给大家带来了很多改变。现在团队的信任程度确实是比以前提高了，也找到了共同的奋斗目标。但……我头上悬着一把达摩克利斯之剑啊。现在形势严峻，很多企业的项目都减少了甚至取消了，我们今年的现金流不足。这两年经济下滑，很多投资人也在观望，其实我们已经面临寒冬了。"

教练说:"接下来我是以朋友的身份,而不是教练的身份,说几句比较直接的话,可以吗?"

林思成说:"可以,你请说。"

教练说:"接下来的经济形势可能非常恶劣,我们辅导的不少头部企业都在纷纷裁员,你要看情况灵活应对,别硬扛。我知道你心地善良,下不了决心裁员或者降薪,但让企业活下去是第一要务。"

林思成打趣道:"咦,教练,你不是说教练不能给建议的吗?"

教练笑了:"哈哈,我在以朋友的身份劝你。教练又不是万能的,教练可以换成其他的身份工作的。当然,我说的话仅供参考,最后还是你自己来决定该怎么做。我相信你有足够的智慧来应对未来的危机。接下来你有什么对策吗?"

林思成说:"我暂时不打算裁员。房子抵押的 2000 万元,还可以支撑半年多。两手准备吧,一方面要做好现有的项目,扎扎实实地服务好客户,保证利润和现金流。另一方面要扩展新的产品新的市场。现有的项目中,最紧急的就是 BC 国际集团这个项目。"接下来林思成把团队上周开会过程中的争吵一五一十地告诉了教练。

教练问:"你觉得这一次工作坊,我们的主要目的是什么？"

林思成说："打破部门墙，让大家看到更大的蓝图，有全局视野。"

教练说："看起来，是有人太在意自己的一亩三分地。我们破除这个部门墙，需要做一些工作，帮助团队真正高效协同。"

林思成默默地点头。

接着，教练又关切地看着林思成，问："你现在压力这么大，有什么解除压力的方法吗？"

林思成不好意思地笑了笑，说："有的，我嘛，一般来说就是飙车，一边飙车一边听贝多芬的第九交响曲。"教练听了瞪大了眼睛："啊？飙车，这个太危险了吧？不行不行，你得改一改，这个解压不太好哦。"

林思成说："我还有一个相对温和一点的解压方式。"

教练说："说来听听？"

林思成说："吹萨克斯风。"

教练更惊讶了："真的假的？你吹个我听听？"

林思成说："我吹得一般般，而且最近好长时间都没吹了，估计会跑调。你真的想听吗？"

教练说："那当然了，想一饱耳福啊！"

林思成脸上泛起兴奋的笑容,说:"你等着。"不一会儿,他跑过去,从车的后备厢拿出来一款萨克斯风,虽然平时很少带着,但是今天晚上恰好要参加女儿的生日派对,就把萨克斯风放在了后备厢。林思成乐呵呵地问教练:"你喜欢听什么曲子?"

教练:"都行啊,来个你最拿手的。"

林思成:"那来个蓝调的吧?"

教练:"行。"

林思成抱着萨克斯风深情款款地吹起来,教练在旁边听着,两人面对西湖坐着,微风拂面,杨柳飘飘,暂时让人忘却了创业的种种烦恼,心中非常宁静。

正当两人处于陶醉中时,冷不丁一个正在散步的大爷冲他们大喝一声:"嘿!你们俩,开演唱会吗?这是公众场合,回家吹去!"

两个人赶紧说"抱歉",把萨克斯风收起来,一边跑,一边乐。

两个人气喘吁吁地跑回车里,开车离开西湖。在车上,林思成开心地说:"其实我很久都没有吹萨克斯风了,刚刚我发现这个方法真的很解压,谢谢教练做我的听众。"教练问他:"你平时有吹给团队听吗?"林思成说:"没有。他们眼中的我估计是一个比较严肃刻板的人，不是今天这样的。"教练又问："企业家也是人啊，可以是多面的、丰满的，为什么不开放一点，让大家了解你？"林思成说："其实我在公司层面上比较放得开，在个人层面上比较害羞，我总是觉得让团队知道得越少越好。我有时候害怕跟他们有太多的情感交流。"教练乐道："看起来你有不少限制性信念哦。"林思成说："教练，我感觉你今天跟我的谈话，好像都不是提问，更像是给建议。"教练说："教练也是人，又不是24小时都在做教练，如果我一直给你提问，你不烦吗？教练也可以换个帽子戴戴，咱们今天更像是朋友之间的交流。哎，话说我刚才的谈话对你有帮助吗？"

林思成说："有的，我确实比较内敛，放不开。以后我看看如何更好地与团队互动，也让他们多了解了解我。如果我更开放一点，也许团队也会更开放一点。"

这一次，教练发现林思成也有了明显的变化。面对即将到来的风暴，他变得更成熟了，少了些焦虑和急躁，多了些从容和规划，这一切都是基于他对事业的那份长久的坚持和展望，这正是我们所希望看到的人的"核心稳定性"，正如我们常常说的："内在核心稳定，面对外面的风暴都可以从容应对。"西湖边的谈话，也让教练对林思成有了进一步的了解。每个企业家都在为实现自己的创业初心而打拼，而他们都是有血有肉活生生的人，都有自己的压力、情绪、热爱，他们都是丰满的个体。而作为教练，能看到这一点并在对方需要的时候给予支持，这是多么有意义的一份事业！

第二节　从抢资源到全局观

这一次工作坊，由于涉及关键客户项目的布局和准备，林思成把工作坊的参加人员从10位部门总监扩展到20位高管。教练的出场让大家又是耳目一新。团队以为一上来肯定要讨论"客户项目的挑战和准备"，然而让团队出乎意料的是，教练并没有一上来就直奔主题，而是邀请大家先玩拼图游戏，20位高管分为四组，每个小组需10分钟之内按要求拼好规定的图案，大家心想："拼图嘛，这个谁不会？"于是各组领了材料，七手八脚地拼起来。然而10分钟过去了，20分钟过去了，竟然没有一个小组完成。当游戏结束的时候，几乎所有人都蒙了，只有林思成和张莉是意料之中的。张莉是多年跟着林思成的HR，除了一开始跟着林思成创业的几个人，其他几个大厂的"空降兵"都是她招募的，她对他们的表现并不奇怪。

教练问:"你们发现了什么?"

几位高管七嘴八舌地抢着说:

"我们手里的拼板不够,根本就拼不成。"

"我们怀疑教练是不是故意出道错题,还去隔壁组偷了两个板。"说完大家哄堂大笑。

有个年轻人小宋,壮着胆子说:"我发现隔壁组有几个拼板是我们缺的。我想去借,但组长不允许。"大家又哄笑起来。小宋的组长是梁军,梁军不好意思地摸了摸头说:"我觉得教练给的题目肯定是有解的,不需要去借,看来是我太死脑筋。"教练调侃地反馈道:"看起来大家有不少限制性信念呢。"彭思宇:"什么叫限制性信念?"教练:"就是理所当然的想法,譬如认为这样一定不行,或者一定行,这些想法限制了我们思想的开放性。"

看到彭思宇若有所思,教练问:"这个拼图游戏的目标,你们清楚吗?"

孙扬说:"就是按照发下来的图片拼图嘛,如果材料够,这还不容易?"

教练继续启发大家:"现在请你们看看这些材料,到底够不够?"

几位高管认真地看着自己手里的拼板:"确实不够啊!"

这时彭思宇恍然大悟，说："我发现了，如果只看自己组，拼板确实不够，但如果看看其他组，拼板是够的。"他这么一说，大家都很惊讶，把所有的拼板放在一起，发现每个组都有一些拼板多出来，也有一些拼板缺失，哦，原来把自己的拼板给出去，再把别的组多出来的拼板拿回来，这就可以完成了！几位高管回想刚才自己拼命抢资源的样子，不禁哑然失笑。

孙扬站起来惭愧地说："教练，我现在理解什么是限制性信念了，刚才我们太盯着自己碗里的了，没有看见整个大团队的版图。"

教练看着狼狈的一群人，问："你们现在工作的状态和这个游戏有什么相似之处吗？"

几位高管不好意思地都笑了。

"教练，平时我们在公司里也是互相抢资源。"

"是啊，抢的时候还骂骂咧咧的。"

"教练，我们各个部门闭门造车，互相都不知道其他部门在做什么。"

"我们常常着急完成部门 KPI，都没有顾上公司整体，忘记了回到'why'，多问问为什么要做。"

"教练，我们去找财务总监李婷婷要钱，她总是不批，这不就和游戏里面的一样嘛！"李婷婷听了也开始幽默了："我哪里敢批，你们看看自己手里的资源都没有用好。"说完大家都呵呵乐起来。

团队忽然意识到，教练设计的这个游戏原来是有深意的，并不是简单地玩玩。

教练说："是的，那接下来请你们总结一下游戏中的收获，提炼几句话，作为今后的工作准则，好吗？"

大家讨论起来，不一会儿，制定了四条准则：

1. 不能只盯着自己部门的，得看看公司整体目标，得有全局观。

2. 信息透明很重要，我们要互通有无。

3. 不能只看 KPI，要多回到 why 层级，想想为什么？意义是什么？

4. 先给后得。先帮助别人，再寻求对方的帮助。

信息透明，全局观，多想想 why 层级，先给后得，这些是团队总结的最重要的收获。

教练启发大家：一个优秀的团队奉行"we before me"，即"我们先于我"，你们对这句话怎么看？赵子昂站起来，发自内心地说："这是一个重要的全局意识。如果没有'我们'，那么个人做得再好也没有用。假如智慧科技这条大船沉没了，那么咱们各个业务部门做得再好也没有用。"其他几位高管听了，脸上出现非常认可的表情,看起来赵子昂说到他们心坎里了。

教练:"要真正地做到'我们先于我',有一个特别好的思考方法,叫作'利益相关者练习'。我想请大家一起来盘点一下,这个大项目中有哪些关键的利益相关者?"

教练在墙上贴着的大白纸上画下一个圆圈,中间写着"我",然后在这个圆圈周围画上若干个圆,邀请大家一边讨论着,一边用报事贴写上自己心目中重要的利益相关者,贴在周围的圆圈里(如图1-5所示)。

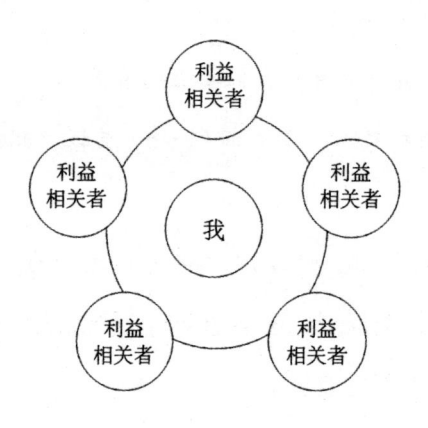

图 1-5 利益相关者

不一会儿,周围的圆圈就被贴满了,教练邀请大家做减法,把众多利益相关者减至3~5个。

剩下5个利益相关者,分别是BC集团的业务部门(零售),BC 集团的业务部门(行业大客户),BC 集团的 IT 部门,BC 集团的供应链部门,还有 BC 集团的采购部门。

其中最重要的是哪三个?大家讨论后锁定了 BC 集团的业务部门(零售),BC 集团的业务部门(行业大客户),BC 集团的 IT 部门。其中最重要的是 IT 部门。

教练问大家:"如果站在 BC 集团的 IT 部门这个视角看,它有什么难题需要我们来解决?"

梁军最有发言权:"IT 部门是我们的甲方,但其实 IT 部门又是 BC 集团内部的乙方,它得服务业务部门。换句话说,它在内部是被挤压得很惨的,它要服务于业务端,业务端又分零售和行业大客户,两边的业务流程不一样,业务流程要求 IT 系统把底层和数据打通,一套系统为两个业务端服务,而事实上当零售和大客户两边的业务流程是完全分离的,IT 系统怎么可能 100% 满足两边的需求呢?除非两边的业务部门先做整合并达成共识,然后再交给 IT 系统做梳理和整合,这样才消除了矛盾。所以 IT 部门其实很痛苦。"

孙扬和赵子昂也同意梁军的判断。孙扬补充说:"正因为 BC 集团的 IT 部门处于比较弱势的地位,BC 的业务条线又提出种种奇奇怪怪的需求,所以不得不来找我们去实现,然后这些难题就被传递到我们这里了。"

赵子昂:"当孙扬把这些需求列出来的时候,我们也会抵触,因为有些需求是重复开发的,而有些需求只是听起来比较炫酷,事实上去实现的话没有太大的必要。"

孙扬不好意思地说:"是的,我以前太主观,总是想着满足客户的需求就有更多的订单,让大家觉得很为难。"赵子昂拍了拍孙扬的肩膀,表示"我理解你"。

教练问:"我们知道了IT部门的难题后,可以给他们创造的价值是什么?解决方案又是什么?"

团队一起讨论了十几分钟,列出来几个解决方案:帮助IT部门影响业务部门,减少不必要的功能需求,把项目做得更出彩一些,提升其话语权。

教练问:"IT部门的负责人是徐总,如果我们真的做到了,站在他的角度,他会怎么想?"

孙扬:"那还用说嘛,特有面子。"

赵子昂:"觉得我们很专业,很靠谱。"

林思成说:"徐总是一个要求特别高的人,要打动他不容易,得靠实力。他最看重的几点是:不延期交付,不宕机,不会丢失数据。"

团队又讨论了一会儿,把林思成的话改为正向的,从而制定工作准则:"要确保项目保质保期:准时交付,数据安全。"

在教练的启发下,团队又逐一讨论了其他几个利益相关者视角,BC 集团的业务部门(零售),BC 集团的业务部门(行业大客户)。讨论这两个业务部门的时候,教练发现存在很多争议,大家的看法很不一致。

教练开始挑战团队:"你们觉得自己真的了解 BC 集团的业务部门吗?从 1 分到 10 分有几分的了解呢?"

大家交上来的纸条上写着分数,平均分并不高,只有 6.5 分。

教练问:"理想状态是几分?"

大家回答:"9 分。"

教练又问:"那要做到 9 分,差距是 2.5 分,这个差距代表什么?"

"其实我们还不是非常了解他们,尤其是不明白为什么他们要把底层的 IT 系统打通?"

"我们并没有直接面对过业务部门的负责人,以前基本上是与 IT 部门交流的,与业务部门接触得很少。"

"业务部门的人不太愿意花时间告诉我们其真实需求。也许是有防备心理。"

看大家表达得差不多了,教练问孙扬:"你觉得呢?上次我问过你,如何管理好客户的期待,你现在有什么新的想法吗?"

孙扬答道:"教练,我有一个重大发现,不能只跟 IT 部门沟通，得想办法把业务部门的几个负责人搞定。如果他们愿意跟我们直接对话，那么后面就会省事，我们也不会那么被动。"

教练接着问："关键点是什么？"

孙扬说："一是借助林总的魄力去拉拢业务条线的人，这个林总可以帮助我；二是搞定 IT 部门的徐总，要借助他的力量召开需求对接会，具体我还没想好，回头我和老赵、老梁，还有林总，一起来部署一下。"

看到孙扬积极地想办法促成大家对 BC 客户端更多的理解和交流，在场的人都为他鼓掌。

教练说："我看到大家对于站在利益相关者的立场换位思考，还不是特别到位，这个需要我们每个人从现在起，培养意识主动从利益相关者的角度思考。不仅仅是面对客户的时候这么做，当公司内部合作的时候，大家也要学会基于利益相关者的视角考虑问题，你们同意吗？"

团队成员纷纷表示同意。

经过了充分的关于利益相关者的体验和探索，教练邀请大家进行"客户项目的挑战和准备"方面的讨论。教练邀请每个部门把自己对于这个项目的挑战和准备写上去，然后横向拉通对齐每个部门在做的事情，这是一个目标对齐表，仿佛拼一个巨大的拼图，把每个部门正在做的事情放进去，组成一幅完整的拼图。这样整体项目的布局就会一目了然，教练说这就叫全局观。

如果我们每个人只是从自己的角度看问题，并不全面，只有大家一起，像玩拼图一样，把这个项目的整体目标和各个部门的子目标、关键结果、关键资源、关键行动与负责人、时间节点都列出来，横向来看，彼此之间做到信息透明，互通有无，整个团队才知道这个拼图的全貌是什么，才知道如何做好这个项目。

团队在没有做大拼图之前，很容易各顾各的，而没有看看其他人在做什么，是否步调一致。当做完这个大拼图时，才发现各种不匹配，例如时间节点、资源投放。在这个过程中，教练给予了很多反馈，帮助团队去践行"we before me"（我们先于我）的理念，一起把整体的目标规划表优化完成。各个部门都对这个项目的具体安排有了更加全面的理解，团队协作力大大地加强了。

第三节 为荣誉而战的宣告

工作坊之后，整个团队都进入了备战状态。之后，在没有教练陪伴的情况下，团队成员密集地召开会议，而其中一个会议召开的目的就是落实人手，完成6个月内系统上线。

当教练介入的时候，团队的意识觉醒是一日千里的飞跃，而其能力的改变是点点滴滴的积累，不会因为教练介入就进步神速，需要不断地践行和调整，找到自己的最佳状态。有时候团队的进步是"进两步退一步"，尤其是在遇到困难和高压的时候，一群高管又容易陷入旧有的模式里。

孙扬说："这一次客户要求我们6个月内系统上线，今天我们谈谈项目准备。"

梁军说："6个月，我算了一下，需要10个工程师，我们现在人手不够啊。"

赵子昂问："为什么？你现在不是有50多个工程师吗？"

梁军说："我的团队虽然有50多个工程师，但他们都在参与别的项目，怎么可能都进来，再说，他们的技能不一样啊，就算调过来也填不上这个坑。"

彭思宇："这一看就是平时没有好好地规划，现上轿子现穿耳朵眼儿，要喝水了才考虑挖井。"

彭思宇这话儿说得酸溜溜的，又惹得梁军很不高兴。

林思成看到大家吵吵嚷嚷，立刻喊停，说："别老是谈困难，困难谁都有，咱们谈解决方案。赵子昂你先说。"

赵子昂说："是的，我想关键点还是在于如何影响客户的业务条线，把一些不必要的功能减少，那我们的人手就是足够的。"

林思成问:"还有其他的吗?"

梁军说:"还有就是,我们对这种全球化的系统并不熟悉,系统的架构、接口、系统的安全性要求都很高,我们其实对后面的工作量不太有底。"

赵子昂说:"上次我们开会的时候,彭思宇提议向客户学习。我们也要拉着客户的业务条线负责人对齐一下真正的需求,我个人还是比较支持这个做法的。"

孙扬说:"这个嘛,说起来容易。我上周去探了探风向,徐总最近特别忙,回复说以前没有这个先例要拉着业务部门的负责人去跟供应商确认,感觉是嫌麻烦。"

彭思宇说:"没有先例就不可以做了吗?你这是限制性信念。"他把教练讲过的方法倒是运用得非常好,而且他的挑战这一次确实起了点正向作用,大家愣了一下,也陷入思考。

林思成想了想,说:"没事,客户那边,我和孙扬一起去对接,我们争取得到徐总的支持。假如我们得到了徐总的支持,梁军和赵子昂,你们能不能保证完成任务?"

赵子昂说:"我保证完成任务!"

梁军说:"这个嘛……"压力之下,他又回到了原来的回避模式,不同意又不敢说什么。

林思成问:"老梁,你得说实话,到底有没有把握完成任务？"

老梁说："嗯，这个我尽力……"

林思成用教练的方法问他："你觉得这么做有什么风险？"

老梁说："主要就是不知道业务条线的具体要求有多少，感觉像是个无底洞。"

林思成说："我跟你说，如果这次任务完不成，你知道后果是什么吗？"

老梁说："项目可能就会黄了。"

孙扬一听就急了："什么叫作黄了，是整个项目都没了，后续跟进的项目也没了，我们彻底出局！"

看到孙扬这么激动，赵子昂拍拍他的肩膀劝他冷静一点。赵子昂的安抚起到了作用，孙扬不再像往常那样情绪激动地大声嚷嚷，他叹了口气，安静地坐下来。

在这个关键时刻，林思成非常果断，他腾地站起来，大家都吓了一跳，以为他又要开始骂人。林思成诚恳地对大家说："我来讲几句。"他一改以往的作风，以前他遇到团队分裂的时候就心急发脾气，这一次，他缓缓地环视大家，脸上表现出一副很坚定的神情，他沉稳地对大家说："这一次，我们打的是智慧科技的名誉保卫战，如果这个项目做不好，以后就没有安身之地了，竞争对手都会看我们的笑话。我希望你们每个人都能认识到这个项目关系到我们的生死存亡,我们必须为荣誉而战!我已经做好了准备,背水一战!你们愿意全力以赴吗?"说着,他有力地伸出大手。

看到林思成做出这么坚定有力量的宣言,其他人都盯着他,有些愣住了。最先站起来的是赵子昂,然后孙扬也伸出手,握在林思成的手上,最后其他人陆陆续续地都站起来了,大家没出声,但心潮澎湃。林思成握着大家的手,又仿佛回到一开始的"背靠背的信任"游戏里,大家围成一个圆圈,紧紧地握住手,林思成说:"一只飞鸟是冲不出风暴的,但一群飞鸟可以。"

这群飞鸟,虽然知道前面风暴险恶,但都精神抖擞,要为自己的名誉而战。

第四节 一切为了客户的利益

团队的能力是在战斗中逐步磨砺而成的。正是因为环境恶劣,外部挤压,反而倒逼团队的成长。

孙扬,这个年轻阳光的营销总监,在不断服务大客户的过程中,也迅速地成熟起来。第二次团队工作坊中,教练问他的那三个问题,他还历历在目,记忆犹新。"从效率来讲我们做得如何？我们如何管理客户的期待呢？可控因素有哪些？"

当时的他，并不知道怎么回答教练的问题，然而他心中常被这三个问题萦绕，他知道自己的成长空间还很大，自己还有很多不足。

首先就是个性上的挑战，自己比较活泼乐观，又喜欢帮助别人，对于客户的需求不太好意思拒绝，同时专业能力也存在不足，所以不知道哪些需求应该拒绝，哪些需求不应该拒绝。这些都导致了自己在管理客户期待方面确实比较弱势。

以前孙扬想当然地以为自己只要与客户谈得来，会应酬，会逗客户开心、能让客户满意就可以了，但自从教练来到智慧科技，孙扬意识到自己不能只做一个会应酬的营销总监，得成为一个真正懂客户的需求、真正能引导客户的需求的营销总监。他开始努力地学习行业知识，努力地向赵子昂和梁军学习，了解智慧科技的平台软件上各种功能和系统上的设计原理，甚至连客户都评价说，觉得孙扬最近长进很大，懂得那么多专业知识，都可以算是半个产品专家了。

最近的一次与客户的交流是孙扬促成的，并因此帮助智慧科技取得了关键的进展。

若是以前，孙扬是很少主动去挑起客户的需求的，因为他觉得需求已然太多，接都接不过来，还干吗找客户谈需求，岂不是自讨苦吃？

这一次，带着上次团队给的任务——要去找客户业务条线负责人确定需求的优先次序，把客户的关键需求梳理清楚，孙扬和赵子昂、梁军商量，促成客户开一次需求恳谈会。而这个需求恳谈会，需要赵子昂和梁军共同参加。同时，并不仅仅要求 BC 集团的 IT 部门的人参与，还要 BC 集团的相关业务部门负责人都参与进来。

孙扬找赵子昂和梁军商量的时候，赵子昂就表示赞同，如果能邀请到 BC 集团业务部门负责人，那我们就可以针对真正的使用者来沟通，这是第一手信息啊，能做到这样，客户的需求梳理才是真实的，并且有机会做提炼和删减，减少无谓的或者重复的功能。

梁军则抱着保守的态度，即 BC 集团业务部门负责人愿意来吗？就算来，他们会真诚地交流真实的情况还是敷衍我们？BC 集团的 IT 部门又会怎么想？如果我们太介入，会不会有越界的嫌疑呢？

虽然梁军有种种的担忧，但既然孙扬和赵子昂冲在前面，自己当然也不能落后，于是梁军也加入了这个阵营。

孙扬发挥自己的社交才能，使出浑身解数，分头找客户业务条线的负责人做工作，直接说得上话的就多次登门拜访，说不上话的就托人找关系去做工作，终于促成了重要的"客户需求恳谈会"落地，而这次会议与以往最不同的地方，就是BC集团的业务部门负责人也会参与进来，亲自讲述业务方面对IT的需求。

孙扬还通过林思成邀请到BC集团的IT部门负责人徐总来主持会议，林思成与徐总同时出席这个会议，显得足够重视，而孙扬他们在会议召开之前就为IT部门做足了功课，让IT部门来主导该会议，而智慧科技充当支持者的角色。

徐总开场后，就由业务部门和BC集团的IT部门各自派出代表来表述对于这次项目的整体目标和需求。

可以想象，这种会议，业务部门和IT部门是各自有各自的说辞，而业务部门是IT部门的服务对象，IT部门在内部就是个乙方角色，显得毫无招架之力，徐总越听脸色越差。按照业务部门的说法，得上线40多种功能，这么短的时间，谁能保证系统不会出问题？

孙扬和赵子昂看在眼里，都知道这是智慧科技支持徐总的关键时刻了。

征求了徐总和林思成的同意，孙扬和赵子昂把事先做好的规划向业务部门呈现出来，包括功能的模块化管理，功能的优先次序，重复的功能列举，以及竞争对手的最佳案例和实践。

在这场沟通中,孙扬和赵子昂做得最妙的一点就是站在了"利益相关者"视角。每讲一个观点,孙扬就会做出提问:"请问业务部门需要这个功能是想实现什么目标?为什么一定需要这个功能而不是其他的功能?还有哪些可以替代的做法?假如我们是业务部门,有哪些考虑?"因为孙扬的这种教练式提问,转化了利益相关者视角,让业务部门的人感觉特别舒服,有一种被尊重的感受,因此非常愿意多讲讲他们对这个功能背后的真正业务需求,而不是像以往那样傲慢地说:"这就是我们的业务需求,你们懂什么?"当业务部门的人讲出很多内部的流程要求、业务模块之间的衔接等,赵子昂和梁军就根据他们提供的信息,再用智慧科技的技术手段来回应并解决相应的问题。

这样一来一往,有问有答,现场的气氛非常活跃,业务部门的人觉得智慧科技的人水平高,听得懂自己说什么,智慧科技这边心里清楚,自己只不过是多用了教练的聆听与提问,采取了利益相关者视角转化,所以对方更愿意多讲讲。一旦多讲述,信息就会更透明,那么对症下药就不是难事。以前摸不着头脑,是因为自己着急冲上去给建议,一给建议就不对症,不对症就被驳回,陷入了死循环。

徐总在旁边观战,脸色由青慢慢转红润。他发现了今天的情况与以往不同,他还跟坐在旁边的林思成窃窃私语:"这次你们智慧科技的人好像采取的战术不一样了啊？看起来业务条线的人很愿意跟他们沟通啊。"林思成心中暗自喝彩，不露声色地说："是的，徐总，今天的沟通会看起来效果很好，双方都很坦诚。"

两个小时的沟通会结束后，原来的40多种功能需求，其中重复的9个，简化的12个，可以借用老系统升级的8个，最后只有12个是真正需要实现的功能。双方在需求列表上签字，IT部门的徐总非常高兴，大笔一挥，签上名。之后徐总还请林思成、孙扬、赵子昂、梁军一起吃饭。双方的IT部门坐在一起畅所欲言，饭桌上徐总特别感谢林思成："你们今天真是帮了我们大忙。以前我们面对业务条线时是真痛苦啊，既要、还要、都要、马上要，我们使尽浑身解数都完不成这么多功能，而且经常面临着重复开发、系统不兼容、数据有危险等情况。直接拒绝吧，说我们不支持他们，不拒绝吧，眼看着挖的坑越来越大，真是头疼啊，谢谢你们的支持。"说着，徐总给大家都敬了一杯。

孙扬打的这个漂亮仗，并非仅此一次，自此以后，他越来越发现教练的工作方法太有效了，聆听、提问，让客户多讲讲真实情况，能够减少很多误会和低效的努力，再用教练的"换位思考""利益相关者"方式，可以采用更懂客户的教练式销售，回到根本，就是智慧科技要把客户的利益最大化，只有实现他们的利益，才能实现我们的抱负。

第四章 赢得客户的尊重

第一节 自我蜕变，重组规划

上一次孙扬打的漂亮仗，让 BC 集团的业务条线负责人直接与智慧科技一起畅谈，很多功能与需求都得到了很好的澄清与梳理。

回到智慧科技公司内部，其实大家都知道，我们还是个小学生，需要更规范更具有系统性才能面对 BC 集团复杂庞大的项目。

归根结底，就是智慧科技做事情比较像游击队，缺乏整体规划。赵子昂已经深刻地意识到了这一点，他想要真正地去改变。他拉着梁军，一起请教练来给大家做团队教练工作坊。教练接到赵子昂的电话后，欣然接受了这个请求，赵子昂和梁军在电话的那一头表达了迫切的需要，即借助教练的视角和方法，帮助产品部门和技术部门一起来做一个内部的规划和整合，以真正提升效率。

产品部门和研发部门的小伙伴们，在过去的几个月里，明显地发现部门总监们的合作越来越好。部门总监们是否能真正协同，对下属的影响是非常直接的。本来大家都想把事情做好，现在看到赵子昂和梁军配合得越来越默契，下面的队伍其实内心是欢喜的，他们合作起来也更有信心了。那么现在主要的问题就不是在态度上，态度上大家都已经接受甚至渴望更多合作，接下来是思维方式和行动方面的问题。对应4H动力模型，心态（Heart）、思维（Head）、行动（Hand）、人的成长（Human）这四个"H"，现在要做的是拉伸思维阈值。

教练与赵子昂和梁军开过碰头会后，老赵和老梁把这个工作坊的主题初步定为"流程优化，组织效能"。先看看流程上有什么可以优化的，再看看组织的设计上有哪些阻碍可以突破。

因为涉及组织架构上变动的可能性，教练也询问了林思成，对于产品部门和研发部门的组织架构调整上，老赵和老梁是否有话语权？林思成说，如果是他俩下面的组织结构，有权力调整。如果涉及增加人手或者裁员，需要我的同意，其他方面的调整，他们可以做主，团队教练工作坊结束之后跟我汇报一下，没什么大问题我会尊重他俩的决定。

有了林思成的支持，教练和赵子昂、梁军就放手去做了。

这次参加工作坊的是赵子昂和梁军的下属，大多数都是年轻小伙子，朝气蓬勃，很有干劲。之前教练只是面向林思成和他的下属，因此这些年轻人是第一次接触教练的团队工作坊，他们感觉很新奇。教练像第一次给林思成的直属团队做工作坊一样，把什么是团队教练、PEAK 团队跃升地图、团队公约，都简单地介绍了一下，然后开始进行团队教练对话。

教练问的第一个问题是："你们觉得现在最大的挑战是什么？"

年轻的小伙子们热烈地讨论，然后把自己认为最大的挑战写到报事贴上并贴到白板上，最后合并成五个重点：

1. 时间管理能力低。
2. 引导客户能力弱。
3. 测试时间不足。
4. 产品设计缺乏全局观。
5. 需求沟通差，效率低。

教练问："如何把这些描述转化成成果导向？"团队又讨论一轮，然后提炼出五个重点：

1. 时间线要透明，各个部门才能合作。

2. 充分了解客户需求，对需求做提炼。

3. 需求变更，快速沟通达成一致，适时调整时间。

4. 找到产品共性标准，实现模块化。

5. 加强内部的关联沟通。

教练调侃："看，你们一旦转为成果导向的描述，解决方案就呼之欲出了，有发现吗？"台下的小刘、小张这些小组长们认真地听着。

赵子昂服气地说："教练，我平时也用你的方法带过他们，为什么我就不能这么快整理出来呢？你是怎么做到的？"

教练说："那得要练啊，深度聆听，听关键点，听到大家的核心述求，再迅速整合。你已经有意识想要做教练，只是动作还没到位。还有一个可能性，你是他们的顶头上司，利益相关，关心则乱，不能像教练一样中立客观，迅速聚焦关键成果。"

赵子昂若有所思地点点头。教练继续启发大家："刚刚我们得到了这五个重点，请大家一起来讨论一下，最关键的一两个点是什么？咱们这次只有两天的时间，如何聚焦？"

团队充分地讨论后，一起选出来两个重点：

1. 怎样才能快速沟通？我们的沟通效率太低了。

2. 产品的共性标准和模块化。

赵子昂站起来补充了一下，说："关于第二点，了解客户的需求，我们最近有些动作，孙扬带着我们一起与客户做需求恳谈会，帮助我们对接客户的业务条线负责人，我们厘清了很多需求背后的逻辑，也帮助客户做了梳理和删减，在'了解客户需求'这方面基本上过关了。"

老梁也附议说："关于第一点，时间线的透明，我们最近有个新的应用就是在内部把项目信息透明化，咱们互相都看到彼此做了什么，协调起来就快多了。"

教练："听起来，就是说五个点里面的第一、第二点已经有了很好的解决方案。咱们重点要解决第三、第四、第五点。归纳出来就是沟通和产品的模块化。大家同意这个说法吗？"

台下大家齐刷刷地举起手，一致通过。

教练问："先解决哪一个？""沟通！"团队成员大声地回应。

教练带着大家一起来梳理"沟通"有哪些场景和困难。团队把平时最难的沟通情况展示出来，一开始讨论有十几种情况，归纳成四类，最后又聚焦到了一类最重要也是最难的，就是当客户有提出需求，而我们给予反馈的时候，传递速度特别慢、沟通效率特别低。

教练邀请大家把平时需求传递的流程画出来，墙上出现了一个长长的链条,教练带着大家一起数了数,共有13个步骤。

教练调侃赵子昂和梁军:"两位看看,这个沟通的流程那么长,怪不得你们说团队沟通效率低,怎么办呢?"

赵子昂不好意思地挠了挠头,说:"就是就是,教练,我也知道这个流程太复杂了,但我说要改吧,还真不好改,你说,从最前端,客户那边提出需求,到销售,到产品前端,到产品后端,再经过好几步才到研发,研发又有不同的对接口径,绕一大圈之后,如果发现这个需求有问题,再原路返回,你看看,时间这么长,黄花菜都凉了。"

教练问:"这样传递一圈从头到尾,再从尾到头,要花多长时间?"

梁军说:"一般得两周,有时候更长,因为信息不对称,研发部门与产品部门得反复确认,产品部门又得与销售部门或者客户反复确认,真的挺耗费时间的。"

教练沉默了一会儿,说:"我分享一个方法给大家,你们看看有没有启发,可以吗?"

赵子昂说:"好呀好呀,那太好了,教练请说。"

教练说:"你们这个一字长蛇阵,如果要破的话,估计得重新设计流程,而不是说把现有的流程环节减少。单纯地减少环节，效率是不足以提升的。我想到了以前我在 IBM 的一个工作经验，给你们分享一下。想象一下，IBM 公司那么庞大而复杂，如果用这种一字长蛇阵，那么效率肯定很低。"

看到大家听得聚精会神，教练继续分享这个案例。

"当年，我们创造出来一个类似'HUB'的结构，就好像一个连接器。"说着，教练转身在白板上画了一个结构图，"一个 HUB，周围连接着很多不同的部门，有销售，有市场，有研发，有产品……当客户有需求传递过来，HUB 的同事就迅速地判断需要哪个部门解决，然后直接传递到那个部门。有这样一个以 HUB 为中心的服务部门，帮助整合客户信息，反馈的链条就大大缩短了。"

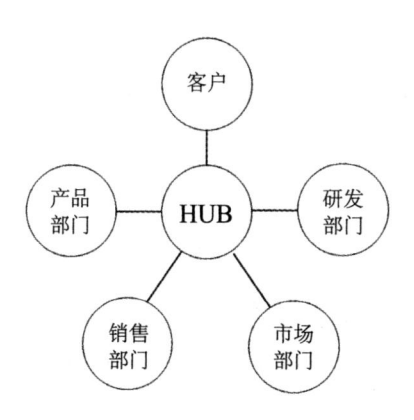

图 1-6 连接各个部门的 HUB

教练问:"假如你们也参考类似的结构,大家觉得怎么样?"

研发部门的小张说:"有这样一个'HUB'肯定会大幅度减少我们的沟通时间成本,但有个难题就是谁来做这个'HUB'。"

产品部门的小刘站起来,大声说:"教练,因为产品和研发的术语与客户的不一致,客户那边传来的需求是业务语言,到了研发部门要转化成技术语言,然后传回去,我们缺乏既懂业务又懂技术的人。得有这样的人才能胜任'HUB'的工作。"

教练说:"很好,那大家同意用'HUB'这样的方式吗?如果同意,我们就去寻找这样的人或者培养这样的人,如果不同意,我们就得找其他的解决方案。接下来大家可以进行开放式讨论。"

年轻人就是活力四射,现场热热闹闹地讨论起来,其中有人表示不同意,有人表示同意,各自都充分地表达了自己的看法。最后大多数人认为,虽然找合适的人做"HUB"是有难度的,但这是一个让组织更敏捷迭代的好方法,如果认同了这个思路,那么困难是可以克服的。

意见达成一致后,大家迅速地推选了3个人,由他们先到不同的业务部门轮岗,熟悉业务术语和技术术语,并在3个月后开始作为"HUB"的执行单元。

看到团队这么快就有了新进展,赵子昂和梁军内心欢喜,继续鼓励大家解决第二个问题:产品的共性标准和模块化。

这个问题,是产品部门和研发部门的痛点。因为产品的规划不够清晰,所以产品和研发的团队常常是随着客户的需求走,产品也是修修补补,各种功能的堆砌导致产品最终变成了"四不像"。

有了教练关于成果导向的启发,这一次大家不再从问题出发,而是主动地给现在的组织效能打分,现状是3分,理想状态是8分,差距是5分,困难不小。

年轻人刚刚经过了团队教练的启发,明显地更加敢说了,研发部门的小李抢着说:"现在我们的产品研发有很多小组,每个小组都是之前根据项目进度而设定的,现在这些三三两两的小组更像是游击队,东打一枪西打一炮,而不是有系统有规划地做事情。有时候一个开发需求提出后,大家都去参与,重复开发;有时候一个需求提出后,大家一看不会做,就都不做,其实这种资源浪费现象还挺严重的。"

产品部门的小刘也附议说:"是的,产品和研发都没有很好的规划,所以显得做产品比较随意,有时候很紧张,有时候又很松散,没有形成一个协同的效率,而且经常会延期发布新功能。"

看到大家都表达得差不多了,教练邀请大家一起来总结一下：如果要改善这种组织能力，可能的解决方案是什么？

现场分4个小组讨论，然后整合讨论结果，得到了一个重要的聚焦点，那就是重新划分现在的产品和研发的功能模块。这一点和刚才聚焦的"产品的共性标准和模块化"是一致的。假如不一致，教练就会问大家从中有什么发现、两者有什么关联。

接下来教练采取的方式是："如果面向未来，我们希望新的产品和研发功能模块分哪几块？"团队成员回应说："4个，统筹、框架、应用、数据。"

教练问大家："你们愿意把现在的队伍结构打散重新排进去这4个功能组吗？如果不愿意的，可以表达一下自己更想要的是什么？"

得到团队认可后，教练也与赵子昂和梁军商量："如果现有的组织架构按照这4个模块重新划分，你俩同意吗？"

老赵和老梁举双手赞成，而且说："没事，林总都跟我们打招呼了，我们信任团队的决策，可以拿主意，林总充分信任我们。"

得到多方确认后，教练在墙上的引导布上画出一个组织架构，分4个模块：统筹、框架、应用、数据，邀请现有的小组长认领，认领的过程中如果其他人有异议，要真诚地表达，然后协商。通过几轮的认领，4个小组的组长都有了合适的人选。

教练邀请4个小组长轮流挑选合适的队员进自己的组，前面两个组进行得很顺利，剩下的两个小组长有些慌了，他们悄悄地问教练："教练，这个组织架构图是来真格的还是做游戏啊？"

教练问他俩："你们说呢？"

两个小组长有些慌乱地说："我怎么越看越像真的呢？"

教练忍住笑，认真地问："你俩担心什么呢？"

其中一个小组长小李说："我觉得剩下的都是不太好的选手啊！"

教练："没事，等你们去挑人的时候，可以把前面小组的人捞回来，只要说明理由，别的小组长同意，就可以。这是团队的决议，都是公开透明的。放心做吧。"

两个小组长一听，原来还可以把人要回来，开心地回去继续做组织架构了。当他们从前面两个小组要人的时候，教练邀请他们从这个队员的特点、技术优势与组织适配度方面来考虑，而不是仅仅从自己出发来讲，大家都很平和地把彼此不知道的信息互通有无，再挑选最合适的人进入相应的小组。

不到一个小时，组织排兵布阵的工作就做完了。看起来无论是4个小组长，还是赵子昂和梁军，脸上都流露出比较满意的表情。教练问大家："你们现在对这个新的组织架构打几分呀？"

大家反馈的分数是 8 分。教练很调皮，继续挑战大家："再提升 1 分，咱们有哪些考虑？"

被教练问到再提升 1 分，大家的身体又坐直了，盯着墙上的新组织架构图看。过了一会儿，有人举手说："教练，我觉得，咱们还可以有第五组。"

教练很好奇："哦？第五组，你说说看？"

"第五组，就是把咱们团队里的一些技术高手，组成一个机动组，他们各个模块都懂，可以根据 4 个组的任务的轻重缓急，把他们临时调进去，做完任务之后又可以调出来，而且这个机动组可以支撑前面所说的'HUB'的运作。"

团队的智慧，就是在这样开放的、充分信任的氛围下，被激发出来的。有了这个奇妙的点子，大家觉得现在的组织效能有 9 分了！

在这个工作坊里，年轻的团队一起共创、共享，他们用信任和开放，创造了更多未来的可能性。

半年以后，当产品部门和研发部门完成 BC 集团的挑战时再回头看，发现这次的团队教练工作坊，是一个了不起的里程碑。如果没有这次团队教练把一些流程和组织分工上的障碍扫除，那么后面就无法高效迅速地满足客户的需求。很多时候，要经过一段时间才能检验当时的决策是否正确,而能够迅速做出决策并行动,团队已经成功了一半。剩下的一半,就是顺应时势,迅速调整。正如华为提倡的:"方向大致正确,组织充满活力。"

第二节 放下自我,以客户为师

五月底,BC集团的项目正式启动了,在孙扬与林思成的积极努力下,BC集团的IT部门指派了三个资深的系统工程师来与智慧科技的团队配合。智慧科技的各个部门总监一改以往的互相推诿、互相嘲讽,认真投入,积极主动,互相配合,并时不时地提出有创意的思路和想法。林思成看到团队干得热火朝天,真有点不太相信这还是不久之前那个互相嘲讽、互相拆台的团队吗?

教练虽然并不是时时在现场,但是通过林思成的反馈,教练得悉团队的变化后也很开心。

当然高绩效团队的打造也不是短时间内就能完成的,就好比罗马不是一日建成的,团队也会时不时地遇到问题,回到以前的状态里。这是正常的,当遇到新问题的时候,只要邀请团队重新回到意义层（愿景、身份、价值观），迅速面向未来并成果导向，团队的力量就回来了。

对于智慧科技的各位总监而言，最大的意义当然是为客户创造价值。也就是说，当团队帮助客户完成其使命时，团队的使命就完成了，团队的意义也就因此而实现。

项目开始的第一个月，是最具挑战性的，因为千头万绪，有很多杂七杂八的事情要沟通，信息量很多，而且智慧科技的团队与BC集团的技术团队在此期间不断磨合，难免会磕磕碰碰。经过了一段时间的团队教练，智慧科技的总监们已经开始明白坚持运用成果导向，而不是出现问题首先指责谁，因此大多数的困难得以很快解决。

第二个月开始，两边的团队大致摸熟了彼此的套路，新的矛盾又出来了。这一次，主要矛盾就落在了研发技术总监梁军的头上。

正如彭思宇所说，智慧科技是个游击队，BC集团是个正规集团军，两者不是一个级别的。彭思宇虽然话说得比较尖锐，但并没有说错。当智慧科技用自己习惯的土办法去对接一个全球正规化的大企业，就发现了两者之间巨大的差距。

第一个矛盾是，BC集团非常看重流程和细节，因此技术工程师需要写工作日志，即把自己的技术动作按步骤详尽地写下来。这是梁军这个"土八路"以前想都没有想过的。他觉得干活都没有时间，现在还要花时间记录自己做了什么，那岂不是干两个小时还得额外写两小时？对此他非常抵触。

第二个矛盾是，不仅仅要把这些技术动作详细地记录下来，还得要严格地按照BC集团的工作守则和工作流程来执行，不允许跳步，更不允许随机越权。这个让梁军特别不爽，他心想：我也是身经百战的，以前遇到那么多复杂的项目，都能很好地解决，哪里那么多废话？左请示右请示，把时间都耗在了流程里，太慢了！

由于梁军没有接受这个提议，他的团队自然也不想受这些约束。所以梁军的测试组和BC集团的几个系统工程师一起做的时候，就出现了很多问题，梁军的人觉得BC集团的人死板不通融，BC集团的人觉得梁军的人做事情很随意，随随便便就改代码升级软件，让他们很害怕。两边的人互相指责。赵子昂作为协调人也很费劲，他试图说服老梁接受BC集团的规则，按照对方的要求来，但是老梁并没有完全接受，只是部分采纳，其他的就按照自己的习惯来。

林思成看在眼里，他非常清楚这个是智慧科技创业团队与BC集团这种国际大公司的成熟度不适配导致的，如果强迫梁军接受对方的要求，以他这种"回避"风格，遇到压力，就会退缩不愿意面对，假如有更好的方法，让梁军自己醒悟，让他心甘情愿地做出改变，是最好的。

终于这个时机到来了。一个周五下午，当大家都以为事情做得差不多了，一周以来各方面进展得都不错时，系统忽然提出预警，一个物流系统直接垮掉了，还好之前的数据做了备份，不然肯定是后果不堪设想。

周五到周日，梁军的团队都没有休息，加班加点地抢修，要赶在周一上午9点之前让系统恢复正常，否则BC集团的很多代理商无法登录系统。

周一早上7点，梁军的团队终于把系统恢复了。大家已经累趴了，各自打算收拾一下回酒店去休息。林思成召集大家：针对这次的系统坍塌问题，我们一定要总结经验教训，你们先回去休息，明天早上我们回来开会。我需要给BC集团做汇报。

第二天早上大家稀稀拉拉地来到会议室里集合。林思成让梁军来主持这个会议，赵子昂、孙扬、彭思宇、李婷婷、张莉作为支持方也参加进来。

梁军耷拉着脑袋，很沮丧。他知道是自己的问题，但他并没有完全想通。当他检讨团队的问题时，说了很多理由："我们的能力还不足，我们的技术团队还不熟悉他们的系统……"

赵子昂拍了拍梁军的肩膀，温和地说："老梁，我特别理解你的处境,这帮兄弟的技术水平我也知道,那么咱回到成果导向,用解决方案来描述这个问题,是什么?"

这让老梁愣住了,是啊,自己怎么又忘记了成果导向呢?他想了想,说:"保证客户的系统安全运行。"

下面的孙扬、彭思宇、赵子昂都频频点头。

林思成问:"咱们把能让系统安全运行的关键点都梳理一下,贴到墙上。"

各个部门总监都把自己想到的关键点写完贴上墙。然后大家一起看。其中有两位总监的意见是"严格遵守客户的系统运作规则,遵守流程",另外两位总监的意见是"提升自己测试的能力",还有两位总监的意见是"写好工作日志,有利于我们做检查和复盘"。

林思成让梁军看看这些意见,问他有什么发现。

梁军认真地看了一下,说:"其中有两个意见,其实客户一直要求我们做,我就是不乐意。"

林思成明知故问:"哪两个?"

梁军说:"就是遵守流程,写日志,这两条。"

林思成又问:"你现在怎么想?"

梁军红着脸说:"我现在意识到了为什么要写日志,遵守流程了。写日志,可以在出现问题的时候查找真正的原因,看看是谁在什么地方动了哪个部分。遵守流程就是按照规范来执行技术动作，不至于跳步而触动了系统的一些敏感的部分，导致系统垮了。"

赵子昂说："这次是因为遵守流程做得不足，才触发了系统预警甚至崩塌了。幸好我们的工程师有写日志，所以很快就找到了真正的原因并修复了系统。"

彭思宇这次很正向，他说："其实像BC集团这类国际大企业是很规范的，他们需要这些日志和流程，这是经过了很多年的精益化管理总结出来的，虽然平时不出事的时候觉得没必要花那么多时间整理这些，但一旦出问题，有了之前这些依据，就能很快发现问题，我们从中可以学到很多东西。"

林思成说："我很高兴今天大家的发言都是正向的、开放的，而且我们并没有批评指责谁，我们都在不断地自我学习和自我成长。"

梁军主动地站起来说："这次的责任主要在我，是我不够重视，认为这个事情太琐碎，浪费时间，现在看来，就像教练启发我们的那样，得有前瞻性，看得长远，还得看全局，不能只看眼前。"

林思成说："今天的会议只开了一小时，非常高效，而且没有开成批斗会，也没有开成茶话会，很聚焦，找到了解决方案。"

大家都笑起来。

孙扬又发挥了他活泼的本性:"那咱们如果把这个项目做好了,林总给我们一些什么奖励呢?"

梁军说:"要什么奖励,把客户服务好了,客户满意了,这就是最好的奖励!"

林思成说:"这样吧,3个月后项目交割成功上线后,我们举办个庆功会,到时候你们想怎么闹就怎么闹。咱们财务总监可以先做好预算啊。"

李婷婷笑道:"没问题!"

张莉说:"哇,那我们要看林总吹萨克斯风!"

林思成问:"你怎么知道我吹萨克斯风?"

孙扬不好意思地说:"哈哈,是我透露的。"

林思成不再像平时那样对自己的爱好避而不谈,而是大大方方地说:"行,我来吹萨克斯风,你们安排节目伴舞,比如你们几个来跳个四小天鹅。喏,要开始减重哦!"说完他笑着指了指赵子昂和孙扬的肚子。

大家一想到4个胖乎乎的部门总监在庆功宴上跳四小天鹅,已经开心的不行,互相打趣着,重新调整好了状态迎接后面的战斗。

第三节　艰难困苦，铸就团队

11月11日前的一个月，客户的系统如期上线并反复测试，为的是顶住"双十一"的峰值。"双十一"的前一周，大家出奇地平静，BC集团的IT部门和智慧科技的技术人员严阵以待，彻夜不眠地盯着系统，终于安全地度过整个"双十一"，没有宕机，没有发生订单丢失，没有客户投诉，从前端的订单系统到后台的物流系统都运转得很好，智慧科技的产品经受了"双十一"峰值的考验！

当BC集团的徐总来到IT部门想对此表达感谢时，他被眼前的景象惊讶到了。他看到会议室里横七竖八地睡倒了一片。大家太累了，连续很多个不眠之夜，现在终于可以安安稳稳地睡个觉了。徐总很感动，他没有叫醒大家，而是回到了自己的办公室，给林思成发了一封非常真诚的表扬信，表扬这样一个队伍，扛住了很多压力和不确定性，为确保系统上线竭尽全力，取得了了不起的成绩，远远超过了自己的预期。

收到这封邮件的林思成，内心非常平静。他亲自指挥并投入了这次战斗，他内心清楚地知道团队为此付出了怎样的努力。

项目开始前两个月，由于团队不重视"写日志、遵守流程"，导致了宕机，林思成收到的是徐总的批评信，信中指出你们连这么简单的基础动作都做不好，我们只能给你们打 50 分、不合格，再这样下去，我们可能会换供应商。

项目的第三、第四个月，梁军彻底放下自己的固执，在赵子昂和林思成的帮助下，带领团队一点一点落实流程、写好日志，复盘系统出现的错误，虽然还有个别状况，但系统的整体稳定性显著提高了，就是在这时，智慧科技又一次收到了徐总的来信，说看到大家有进步，但还需要更谨慎，因为"双十一"很重要，他不接受系统出任何问题。

最艰难的是第五个月，项目已经进入了关键节点，各种峰值测试一一展开。但没有料到的是，BC 集团所在园区发现新冠阳性确诊病例，导致整个园区被封。不巧的是 BC 集团的好几个 IT 部门工程师恰好封控时在园区外，无法进入大楼。

而梁军的团队中也有 5 个工程师被挡在了大楼外。紧急情况下，梁军和赵子昂带着队伍重新分配工作，基本上是每个人扛起两个人的工作量。

除了人手紧缺，还有很多其他的困难，例如缺少行军床、被褥及洗漱用品等，大家只能席地而睡。进入冬天了，大楼内虽有暖气，但仍需要被褥，大家晚上睡觉时瑟瑟发抖。一群人又困又冻，熬了几天，有点筋疲力尽。

正在大家十分焦虑时，林思成的团队都调动起来了，积极想办法帮助项目组。李婷婷首先腾出一笔财务预算用于购买急需的物资，彭思宇负责组织人员去购买并确保物资能送到园区门口指定地点，与此同时，赵子昂的下属小刘自告奋勇地当起临时调配官，每天负责调配物资和安排起居，包括解决个人问题，如轮流洗浴等。小刘和彭思宇里应外合，及时地向彭思宇汇报物资的使用情况，彭思宇调动运营团队迅速地响应小刘这边提出的要求。

10天后，项目组才从紧张、慌乱的局面中适应过来，有了基础的物资支援，大家又重新把注意力集中到项目上。这时林思成收到了徐总打来的紧急电话，他们有另外一组IT团队由于存在密接人员也被整体隔离了，无法再继续做项目支撑，但如果此时停下，将直接影响智慧科技的系统上线。怎么办？

如果接下这个项目，是没有营收的，等于免费帮客户这个忙，另外，不知团队能否胜任这项工作。林思成马上召集梁军和赵子昂开电话会议，大家很快达成一致：既然这个项目那么重要，为了客户，做！

少了5个队友，少了BC集团几位工程师的指导，现在还要再扛起一个新项目……如果这个事情发生在以前，梁军、赵子昂、彭思宇都觉得肯定是不可思议的，但现在无论发生什么都要把它扛起来，而且要全力以赴！

第四节 闪光时刻，团队的力量

没日没夜地工作，这一天晚上，大家都疲惫不堪……赵子昂提议，不如寻求教练的帮助，看看教练能不能帮我们赋能，提升下能量。

梁军、赵子昂和另外 5 位在 BC 集团大楼里已经一起奋斗了三周的队友，坐在会议室的地板上，身上披着大衣，手里各自捧着一碗泡面，他们先连线了林思成、孙扬、彭思宇，然后又打通了教练的电话。

电话那边传来教练清脆的嗓音："你们怎么样，还好吗？"

赵子昂先说："教练，我们想你了。这一次咱们真不容易啊，这一仗打的，很多年以后跟我孙子都有故事可以说了。"

教练问："我也想你们呢，听说你们那里处于疫情防控时期，吃的喝的都有吗？"

彭思宇说："有有有。有我在，教练你放心。"

教练说："那就好，今天找我是有什么紧急情况吗？"

梁军说:"也没啥紧急情况,就是……就是大家累了,该做的事儿已经做得差不多了,就等下周的检验了。我们想找教练聊聊,兴许可以给咱们提升一下能量。"

教练说:"好哇,那我们今天聊什么呢?"

林思成说:"聊啥都行,教练你决定吧。"

教练说:"那咱们聊聊闪光时刻吧。每个人聊一个自己过去最自豪的时刻,那个时刻对你而言比较艰难,你是怎么突破的?大家可以多听听价值观。"

赵子昂说:"我说一个吧。小时候,有一次,父母有急事不在家,我带着弟弟和妹妹在家,那时候我才9岁,弟弟7岁,妹妹3岁,我得照顾他们,每天洗菜做饭,晚上自己也很害怕,还得装出很英雄的样子,现在想起来,觉得自己真勇敢。"

大家听完后异口同声地说:"勇敢、爱、责任,是子昂的价值观。"

梁军说:"早些年我出差,刚好在一个山地做项目,没料到山体忽然滑坡,山顶上的石头像冰雹一样砸下来,还好当地的老乡拿出来自家的锅让我顶在头上,那一刻我觉得自己差点要死了,而且觉得特别害怕。事后我特别感谢老乡的拼死相救,到现在我还逢年过节地给他寄东西,表达自己的感恩之情。"

大家又总结说:"感恩、责任、爱,是老梁的价值观。"

彭思宇仰着头,沉吟了片刻,开始回忆:"我印象中的闪光时刻,是读高中的时候,我用一堆烂铜烂铁做了一个风车和一个发电装置的小模型,交作业的时候同学们都嘲笑我,但我的物理老师没有嫌弃它,还自掏腰包和我一起研究如何做小型水电站模型,我俩一起来改造,我从来没有对作业那么上心过,后来这个水电站模型被拿去县里还得了一个大奖。我的物理老师启蒙了我对学习的热爱,后来我才发奋图强考上了大学。我考上大学的时候,他一直送我送到十里路外,依依不舍。我到现在都忘不了他那期盼的眼神,好像是盼着我回去,给他们带去希望。到今天我还一直和他保持着联系。他给我的那种感觉,是温暖吧,一直在我心里。我希望未来有一天,我真的可以为家乡做点什么,给我的老师、我们村,做点什么。"

大家说:"温暖、爱、传承,是彭思宇的价值观。"

彭思宇说完,赵子昂和梁军的大手搭在一起,和线上的林思成、孙扬、彭思宇还有教练一起来个花式比心,为彼此加油打气,这5个人仿佛是5个大男孩,他们和教练一起喊:"我们是有'爱、温暖、责任、传承'的团队,让我们带着勇气,让世界充满爱！"大家一起唱"让世界充满爱"，歌声在会议室里面久久回荡。

在这个难忘的、艰苦的夜晚，智慧科技的5个中坚力量一起撑起了一片温暖有爱的天。这个夜晚是那么的不普通，这以后很多年，他们都保持着非常深厚的情谊，因为这样的一个夜晚让他们的心更深地连接起来，深深地理解了彼此，凝聚在一起。

林思成和孙扬把这些感动进一步传递给了场外的人，李婷婷、张莉……越来越多的人感受到了这份爱和温暖，爱和温暖像涟漪一样在这个团队里荡漾。

手里拿着表扬信的林思成，回忆这些让他非常感动的时刻，心里很欣慰，他看到了自己的团队在战斗中成长，在困难中铸就。

第五节 达成心愿，新的起飞

一年以后的智慧科技，不仅扛住了疫情防控时期的挑战，而且实现了新的飞跃，他们获得了行业的创新大奖，赢得了好些头部企业客户的订单。不仅如此，彭思宇开始担任新业务部门总监，这项新的平台型业务蒸蒸日上，给智慧科技带来了很可观的现金流和利润。现在林思成已经不再关注有没有风投了，因为自己可以实现利润，没有风投反而倒逼智慧科技开源节流，不仅能活下来，还能活得很好。

第二年的第二季度，智慧科技邀请他们尊敬的教练一起参加团建，团建地点很特别，是个靠近遵义的小山村。教练心想："难道是想重新走一走毛主席带领红军长征的道路？"虽说林思成确实有这个想法，但更重要的是，他们来到了一个非常偏僻的山区做仪式。做什么仪式呢？到了大家才知道，原来智慧科技已经为这个小村庄捐赠了第一笔启动资金，用以建造自己的光伏水电站。而今天大家要参加的就是一个开工仪式！

彭思宇代表智慧科技，非常兴奋地拿着一个铁锹，泥土被挖开，立马散发出那让人熟悉的乡村的气息。一群高管把自己的帽子衣服扔向高空，以他们独特的方式来庆祝这个时刻。

彭思宇走到教练和林思成面前，握着林思成的手，说："谢谢林总，近一年来我成长了很多，我以前把自己封闭了起来，是你和教练帮助我发生了改变，谢谢你们！"

林思成说："我也得谢谢你，你的梦想打动了我们，从现在起我们智慧科技设立阳光公益基金，把我们的阳光、爱、温暖带给更多的人。"

正聊着，冷不丁，孙扬和赵子昂、梁军凑过来，追着彭思宇打闹："我们没有功劳吗？你欠我们一个小天鹅舞！"

彭思宇说："有有有！谢谢你们帮助我圆了儿时的梦，感谢大家！"

孙扬："那明年的春节年会上，咱们一起来个小天鹅舞，林总给咱们吹箫，哦不对，吹萨克斯风！"

彭思宇一脸嘲讽："我跳个舞算啥，你们几个就拉倒吧，看看你们的肚子？"彭思宇一边说一边捧着自己的肚子模仿起芭蕾动作，大家一边追着他打闹，一边冲他喊："请正向！绿色发言！"

林思成和教练看着这一切，会心地笑了。

【寄语】

意识的转化是一日千里的飞跃，
能力的提升是点点滴滴的积累

　　接下来的日子里，中国的市场经济在各种不确定性的影响下越发具有挑战性，而智慧科技在教练的长期陪伴下，用提升自己的组织能力这个确定性来对抗外界的不确定性，让组织效能发挥到最大化，不断地自我突破、自我迭代。

　　智慧科技遵循教练的方法"意识转化，由内而外练好内功，每天进步一点点，积跬步以至千里"，在市场上稳稳地站住了脚跟，而且还发展出新的平台型业务，登上了新的高峰。

　　而教练和智慧科技的5个小伙伴，也成为私交甚好的朋友。这份珍贵的友谊会一直延续下去，无论智慧科技的未来如何，教练都是那个最坚定地守护着你们的人，是你们翱翔的翅膀下的风。

PART 2 FRAME

第二部分
框架

第一章 团队跃升地图是一个框架

第一节 团队跃升地图对于企业的价值

团队跃升地图是一个整体框架，它系统性地打造团队动力，把团队作为一个整体来为其赋能。团队跃升地图从一个"核心"与四个"轴转"来帮助团队跃升：一个核心是"愿景"，四个轴转是团队目标、化解冲突、团队激励、团队共创。

团队跃升地图对于企业的价值，是在根本上做"人"的意识转化，而不仅仅为解决事情。

当今时代已经从 VUCA 演变成了 BANI，前者所代表的易变、不确定、复杂和模糊依然存在，新冠疫情又使得 Brittle（脆弱）、Anxious（焦虑）、Nonlinear（非线性）和 Incomprehensible（无法理解）所组成的 BANI 状态愈演愈烈，企业面临市场的寒冬，要真正解决"生存与发展兼顾"的难题，既"仰望星空"还"脚踏实地",归根结底必须从"人"入手,那么"人"的改变是如何发生的?

人的改变和跃升符合 4H 动力模型的规律(如图 2-1 所示)。4H 分别代表心态(Heart)、思维(Head)、执行(Hand)、人的成长(Human)。一个人或者一个团队,首先得心态正向积极开放,才会有思维阈值的拉伸,再有执行力的持久,最后"心""脑""手"形成正向有氧循环圈,中间的"人"才能发生从量变到质变,从而获得真正的成长。而心态是 4H 动力模型的起点,也就是说人的改变首先来自"心态",心态如何改变?心态的改变需要"意识的点亮"。意识点亮后,人们才会探索什么才是对自己最重要的、要活出什么样的人生,以及要成为什么样的人。只有"人"的自我觉察升起,意识到了自己要改变,这个基本的心态有了,才会有思维和行动的改变。

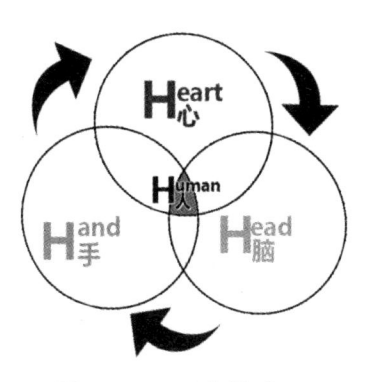

图 2-1 4H 动力模型

企业的改变和跃升符合 PLTOC 绩效跃升地图的规律（如图 2-2 所示）。企业的痛点首先来自绩效（事情），而绩效其实是一个结果，而不是根因。根因在于人，但这是隐性的，藏在冰山下，因为看不见所以容易被忽视。企业常常陷入低效的忙碌，是因为只盯着冰山上的绩效，而忘记了事情是人做的，人失去了动力，事情自然做不好。只有回到根因，在"人"上面多做功，当"人"团结起来，有了自主驱动力、主动承担责任了，团队真正协同起来，那么事情自然会做好。而冰山下的都是关于"人"的部分，包含领导力、团队、组织、文化，这是企业的软实力，也是真正的实力。企业的核心竞争力就是企业的文化，而这个有氧循环圈一直围绕着企业文化不断迭代、发展、自我革命。对于企业而言，意识到"人"才是自己的核心根本，这个"意识"有了，企业才能挑战不可能、冲出重围、基业长青。

图 2-2 PLTOC 绩效跃升地图

第一章 团队跃升地图是一个框架

PLTOC 绩效跃升地图中的第三个模块是"团队"(如图 2-2 所示)。把"团队"展开,在绩效跃升地图里面出现了一个团队跃升地图(如图 2-3 所示),它是一个更小的地图,并且也是一个有氧循环圈。如果不断地将其展开,这小的地图还可以衍生出更多的地图,**因此,我把这个 PLTOC 绩效跃升地图叫作"生生不息的地图"**。

"团队"的建设遵循长期主义,是一个系统工程,而不是随随便便在短时间内就能打造出来的,团队的建设需要持续地迭代、进化。而团队跃升地图也是一个有氧循环圈,四个轴转围绕着一个核心"愿景",不断地进化,呈螺旋式上升,团队自我迭代,自我挑战,自我突破。

图 2-3 团队跃升地图

团队跃升地图表明只要团队不断地向自己的愿景靠齐,就会保持高动力。这四个轴转像齿轮一样整合在一起围绕着"愿景"转动,成为团队赋能的系统。

为什么 4H 动力模型、PLTOC 绩效跃升地图、团队跃升地图都是有氧循环圈,呈顺时针轴转形态呢?这是企业形成内在动力、不断提升组织能力后向外卷的一个过程。内在的世界决定外在的世界,只有当企业内部协同起来,打造好内在的组织能力,才有机会向外卷,形成螺旋上升的势能。**内卷的英文是"involution",外卷的英文是"revolution",这个词最早用于天文学,意思是循环至最初的起点,而 revolution 就是革命,不断循环然后外卷。企业由内卷转向外卷形成螺旋式迭代,才能不断创新、不断革命。**

把团队跃升地图的四个轴转顺时针展开,并画上时间轴,就可以对应 PEAK 团队巅峰对话流程,这是让团队跃升地图落地的基础步骤(如图 2-4、图 2-5 所示)。

〈团队目标〉〈化解冲突〉(愿景)〈团队激励〉〈团队共创〉

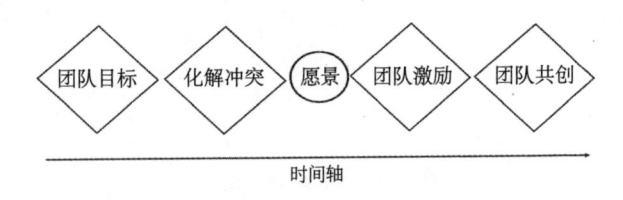

时间轴

图 2-4 团队跃升地图按时间轴展开

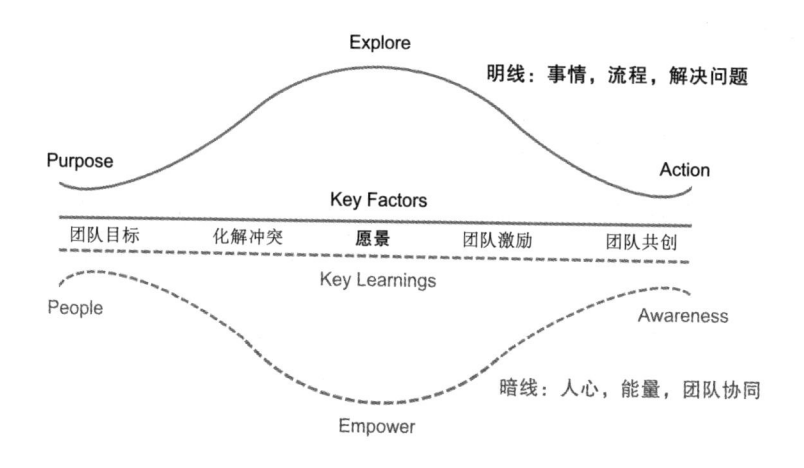

```
              Explore
                              明线：事情，流程，解决问题
Purpose                                          Action
           Key Factors
  团队目标   化解冲突   愿景   团队激励   团队共创
           Key Learnings
People                                        Awareness
                              暗线：人心，能量，团队协同
              Empower
```

图 2-5 团队跃升地图与 PEAK 模型的对应关系

这个对话流程分明暗线，上下成镜像。上面是明线，关注"事情"，下面是暗线，关注"人"。一场出色的团队教练，是"借事修人，借人完事"，明里是在谈业绩、谈事情，但暗里做的是"人"的工作，真正帮助团队凝心聚力，解决卡点，暗线里"人"的工作才是真正的重点和难点。

书中第二部分框架的第三章会详细地介绍 PEAK 团队巅峰对话流程。

下面从一个核心（愿景）和四个轴转（团队目标、化解冲突、团队激励、团队共创）分别解析，如何搭建为团队赋能的系统。

第二节 以愿景为核心

一、点燃愿景

团队愿景需要得到团队中每个人的认可，这才是真正的团队愿景。假如企业的愿景是由 CEO 及核心管理者敲定再向团队宣布，这种愿景没有经过大家的讨论，也没有与个人愿景挂钩，就只是一句挂在嘴上的干巴巴的口号，好似一张空头支票，无法激励任何人。

要想让每个人都认可团队的愿景，首先要尊重人性。每个人都希望自己的生活幸福美满，我们得尊重这一点。因此，让团队每个人都谈谈自己的梦想，充分地表达心中所想，这一点是非常重要的。

要点燃愿景的前提是团队愿景中包含了每个人的小愿景。在团队工作坊中，为什么教练邀请每个人都讲讲自己的梦想？当团队的梦想（大愿景）可以支持每个人的梦想（小愿景）时，团队的愿景才能被大家所认同，大家才会投入自己的力量去实现它，这样的愿景就会"活"起来，充满生命力。

故事里的彭思宇想要修一个水电站，其他人嘲笑他，但当大家知道他小时候生活很困难，没有电灯看书，自己凭着记忆来复习功课时，就开始发自内心地支持他实现梦想。故事结尾，智慧科技企业支持了他的个人梦想,创建了阳光基金会,支持他为家乡建造水电站,这一点很打动他,使他的内心逐渐打开,越来越认同智慧科技的大愿景。同样,孙扬要买个大 house,这个梦想也是有机会实现的,在智慧科技的大愿景下,每个人的梦想都得到了尊重,都有实现的可能。

教练邀请每个人讲述自己的梦想,然后通过一起共创愿景画面的方式,使个人的小梦想被集体创作的愿景画面包含,这个视觉化动作整合出团队愿景的画面,每个人都相信这是团队共同的愿景,这样的愿景才是真实的,才是被团队真正认可的。这个动作在团队教练中叫作"愿景的整合"。即把个人的小愿景汇成团队的大愿景,团队的大愿景包含个人的小愿景;团队的愿景汇成企业的大愿景,企业的大愿景包含团队的愿景。整个整合的动作就像涓涓细流汇成小江小河,小江小河汇成大江大河,最后汇聚成大海。企业是大海,有容乃大,其中包含了个人的梦想。个人带着梦想和憧憬来为企业工作,企业的动力就像滔滔江水,连绵不绝。

二、愿景驱动,上帝视角

团队陷入困难局面,就像在山脚下遇到一块巨石,无法翻越,止步不前。

如果教练就事论事地解决这块石头,大概率是费力不讨好，因为困难太大，团队解决不了。

比较好的方式是做时间的朋友。假如把时间轴拉长，若干年后再回头看，会发现今天的困难没那么大，团队有信心有力量去克服。

除拉长时间轴外，还可以拉伸空间轴。"假如我是CEO"就是拉伸空间轴的动作。拉长时间轴，是看未来，看得远；拉伸空间轴，是站得高，看得广。打比方说，看一个1∶50的地图，你只能看到山脚下的石头土块，但站到山顶上，那是看一个1∶500000的地图，你会看到那个巨大的困难（石头）已经非常渺小，而且你视野开阔了，你眺望远方，看到了一轮喷薄而出冉冉升起的太阳（愿景）。拉长时间轴、拉伸空间轴，团队才能真的看到愿景画面。

空间轴，也可以划分为逻辑层次图的愿景、身份、价值观、能力、行为、环境六个层级。愿景、身份、价值观是上三层，属于高维，能力、行为、环境是下三层，属于低维。而愿景是最高层级，统领下面的五个层级。

为什么团队教练要带着团队去看共同的愿景？在高维的空间从上往下看，山脚下的那块巨石现在已经是一块小石头。这就是高维打低维的时候，能量会提升，团队开始有力量。

当时间轴和空间轴同时延伸，团队就会瞬间抽离出来，出现下面这个视角，我把它称之为上帝视角，也叫直升机视角，从这个视角看问题，大脑会跳出困难制造的卡点，思维豁然开朗，自然会有跃升式的解决方案，而不是就事论事地解决问题。找到解决方案，再把其中的一两个关键点落地成行动，团队动起来了，不断调整，自我迭代，在实践中提升能力，就会找到破解巨石（困难）的方法（如图 2-6 所示）。

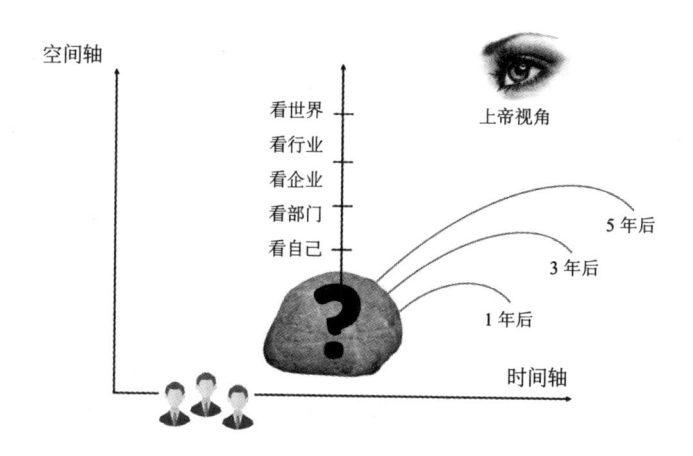

图 2-6 上帝视角

三、愿景与目标有何不同

有很多领导者会混淆"愿景"与"目标"，以为它们是一回事。我们来厘清一下愿景与目标有何不同。

愿景是"面向未来的成功画面"，其两个关键词是未来和画面。愿景是有画面感、有想象空间的，太具象的指标不属于愿景。故事里林思成的团队一起共创的"智慧科技，让世界洒满阳光"是愿景，毛主席的"星星之火，可以燎原"是愿景，这些都符合愿景的定义，具有强烈的画面感和巨大的想象空间。

目标是想要达成的目的，通常内含具象指标。目标常常会有度量的数字，例如"成为世界500强之一"是目标而非愿景；实现营业额增长50%、利润增长30%等也是目标而非愿景。愿景一般没有具体的度量。

为什么愿景画面那么重要？这和人类的大脑有关。1970年神经学专家保罗·麦克里恩提出了三脑理论，将人类的大脑描述为三重脑，分别对应原始脑、情绪脑、视觉脑。这三大系统当中最年轻的部分是视觉脑，它约有200万年的历史。视觉脑对应我们的大脑皮层，它的特点是可以视觉化，地球上的生命中只有人类才拥有这个大脑，它有三个人类特有的能力：创新、面向未来、视觉化。因为只有人类才有这个部分的大脑，因此能够"看到"未来的画面是人类特有的能力，一旦我们看到了自己想要的成功画面，就会充满动力地去付诸行动，从而实现这个画面。因此"看愿景"这个动作符合三脑理论，尤其是当团队中的每个人都看到了一致的愿景画面时，团队力量就真正地被凝聚起来了。

我特别喜欢读毛选,我们来看看毛主席描绘愿景的几句话,是不是带给我们每个人对未来充满希望的震撼?甚至每个毛孔都在呼吸这个愿景的力量:

革命的高潮快要到来……它是站在海岸遥望海中已经看得见桅杆尖头了的一只航船;它是立于高山之巅远看东方已见光芒四射喷薄欲出的一轮朝日;它是躁动于母腹中的快要成熟的一个婴儿。

毛主席描绘的愿景之所以能够打动我们,是因为人的大脑中充满视觉化的力量,而且更让我们高山仰止的是,毛主席的愿景唤醒了中国人民头脑里共同的画面,这才形成了革命成功的真正的力量!

毛主席认为革命的愿景决不是如有些人所谓"有到来之可能"那样完全没有行动意义的、可望而不可及的空的东西。因此,团队有了愿景,还需要通过具象的目标和行动来落地。对应价值观逻辑层次图(如图 1-1 所示),"目标"在"愿景"的下面、身份的上面。也就是说,愿景和目标的关系是:愿景下面可以有若干个目标去支撑它,而若干个目标的达成,就形成了愿景实现的战略目标和战略路径。

四、终极愿景与战略目标、战略路径

团队教练的核心是"愿景驱动",而有的人会质疑大家在一起讨论愿景是不是等同于"画大饼",如何让每个人真正地相信团队愿景并努力去实现它呢?除了上文提到的人类大脑喜欢的视觉化方法,还有很重要的一点就是愿景分阶段。

愿景可大可小,可以随着时间轴和空间轴拉伸。团队可以做阶段性的愿景,几个月的、几年的、几十年的……都可以。随着时间轴拉的足够长,空间轴拉的足够高,那么右上角就会出现一个北斗星,我把它称之为"终极大愿景"(如图1-4所示)。什么是终极大愿景?即企业存在的理由,企业一直为之奋斗的根本。企业有终极大愿景,个人和团队也同样可以有自己的终极大愿景。因此,假如愿景是团队成员共创的、认可的,每个人都愿意贡献力量去实现它,先阶段性地实现一个小小的短期愿景,再实现一个中期的愿景,最后逐步实现长期的甚至终极大愿景,那么团队就会越来越相信这个愿景是真实的。积小胜得大胜,团队看到了每一小步的胜利后,就会越发相信终极大愿景终有一天会实现。

所有的大企业都是从小企业成长起来的,当一家企业还是初创企业时,目光没有那么长远,很少去思考几十年、几百年后的终极大愿景,这时,可以从描绘1年愿景、3年愿景开始，当这家企业慢慢长大了，就会开始畅想 5 年愿景、10 年愿景、100 年愿景。愿景的探索和出现也不是一蹴而就的，而是伴随企业从小到大，慢慢地越来越清晰，越来越笃定。企业如此，个人和团队亦如此。

在上帝视角的俯瞰之下，我们可以帮助团队看到业务发展的三条曲线，以终为始来看，分别对应长期、中期、短期。

从未来看今天，长期目标是什么？关键路径是什么？

中期目标是什么？关键路径是什么？

短期目标是什么？关键路径是什么？

这样清晰的战略路径，会让团队发现企业愿景并不是画大饼，而是真真切切的，因为它有战略目标和战略路径。这个目标和路径是团队一起讨论出来的，因此团队才会真正相信它。

究其根本，即企业的愿景以及实现的战略目标和战略路径是不是团队共同讨论、一致认可的？如果是，团队里的每个成员就愿意投入资源和精力去实现；如果不是，团队成员就会认为这与我无关，没有必要那么投入，既然我不投入，那么它就不会实现，当然就是不真实的。

团队因为"共创"所以"相信"，因为"相信"所以"看见"，因为"看见"所以"实现"。团队只有"预见"未来才能"遇见"未来。

第三节 如何树立团队目标

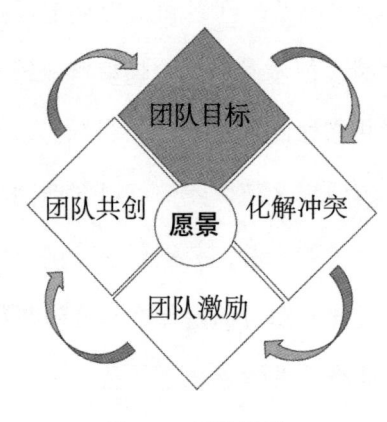

图 2-7 团队目标

一、信任先行

大多数领导者都认为，自己的团队有目标，而且很清晰。那为什么目标却完成得不尽如人意呢？

我们假设几种考虑：一是目标太高，团队成员不相信这个目标可以达成；二是团队成员不认同这个目标，认为目标是领导强压的，而不是大家发自内心想要的；三是这个目标没有经过团队讨论，缺乏彼此的支撑和对齐。归根结底，还是需要团队一致认可这个目标。

看起来让团队达成一致的目标是非常简单的事情。无数的团队领导者把目标拿出来，然后分解到下面各个队员头上，就拍拍手觉得搞定了,剩下来的就是对每个队员的 KPI 做考核监督。真的这么简单吗?

团队的每个队员都是独立的个体,独立的个体都有自己的意愿和想法。个体要是不认可团队的目标,表现出来的就是抗拒。假如团队队员带着抗拒去工作,就会马虎敷衍、不投入。如何化解抗拒呢?

要化解抗拒,得信任先行。团队成员之间真的有信任吗?如果互相信任,他们会把真实的想法表达出来,其中包括团队对领导者的信任,领导者对团队的信任,队员之间的信任。如果大家不够信任,即使有不同意见也不表达,那么团队并没有在目标上达成共识,更不会发自内心地去拥护这个目标。目标在团队教练的动作里,称之为"成果"。只有每个人都讲出来自己想要什么,团队的目标支持到每个人的小目标,这时候的团队目标才是真正被大家拥护的目标。

要达成信任,作为团队的领导者自己得先心态开放,并真正信任团队。林思成的心态越来越开放并信任团队,他从一个严苛的爱发脾气的老大,变成有教练思维、愿意聆听并尊重大家意愿的领导者,他赢得了团队越来越多的信任,而团队成员受他的影响,也越来越信任他人。

在团队里,适当地放下"事情"的层面,做一些有人文关怀的分享，就可以很快地帮助团队塑造信任，例如"重新认识彼此"，讲讲自己的爱好，自己喜欢什么样的批评、表扬方式，这可以迅速拉近团队成员彼此间的距离。平时团队的注意力大多数集中在"事情"上，尤其是当绩效下滑、工作氛围紧张的时候，会更少去关注"人"。人的感受和人的体验都被剥离了，这样反而让人与人之间的关系冷冰冰，更加不愿意去协作。

团队成员还可以分享童年经历，讲讲自己为什么加入这个公司，这些都是非常好的塑造信任的方法。

更深层次的信任，往往建立在"愿景、身份、价值观"上，当团队成员发现彼此拥有相似的甚至是一致的"愿景、身份、价值观"，这会在很大程度上提升团队的彼此信任和连接。随着时间的推移，团队在战斗中背靠背，互相了解得更多，进一步印证了一致的"愿景、身份、价值观"，更加深了信任。

长久的信任，建立在企业文化之中。企业文化也常与"愿景、身份、价值观"有关，企业文化很大程度上受创始人及其领导班子的影响。因此，一个企业内部的信任程度，与CEO及其领导班子的开放度、信任度都有直接的关系。

二、成果导向

"假如用'成果'代替'问题',那么'问题'就会消失,'解决方案'就会出现。"道理人人都懂,然而做起来为什么那么困难?因为人们的旧有习惯根深蒂固,一时半会儿很难改变。

回溯我们过去的成长历程,大多数人都是被"问题导向"指引着长大。我们的父母会问:"你为什么那么多坏习惯就是不改?"我们的老师会问:"为什么你总是会做错这道题?"我们的上级也一样,常常问的是:"你怎么又搞错了?"这些都是"问题导向",而这些习惯陪伴了我们几十年。

相比之下,"成果导向"是一种特别高效的思维方式。成果导向,意味着面向未来,而且积极正向。团队在目标对齐中常常四分五裂,因为他们容易回到问题导向,容易用过去的经验来应对。假如用过去的经验来解决新事物,团队会感觉资源匮乏,有心无力,因为旧有经验的成功条件已经不复存在,现在新事物的客观条件有了很多新的变化。教练的方法是放下过去的经验,开放地面向未来,激发团队群策群力站在未来找答案。当团队放下过去,面向未来,大脑就会充满能量,并且富有创意,大脑的开放程度会帮助我们想到以前都没有做过的一些方法(即使这些方法需要被验证,但它依然是有足够的创造力的),书中的故事里,教练做了很多成果导向的提问,迅速地帮助团队聚焦关键和凝聚动力。

三、聆听与提问

聆听与提问，是教练的基本功。在企业里，为何聆听很难做到？要做到真正的聆听，首先需要慢下来。而企业里大多数高管都处于比较焦虑的状态，急于求成是他们的常态，因此慢下来就变成了一种奢侈。

慢下来，还得闭上嘴巴，才可能打开自己的耳朵，我们的"说"和"听"是二选一通道，只有闭上嘴，才可能打开"聆听"的通道。可惜大多数高管都很自负，"自以为是"是一个常态，因为过去的自己太成功了，于是听不得不同意见，固执于自己的主观视角，强势地想要说服别人，那么冲突就来了。

教练深度的聆听与提问，能够听到高管们的情绪，听到其表达了的部分和没有表达的部分（没有表达的部分往往更重要），再通过提问让大家四面八方发散的观点归拢，最后聚焦，这本身就是一个成果导向的动作。用这种方式做团队建设，效率自然高。

四、假如我是CEO

"假如我是CEO"，这是一个拉高空间轴的动作。团队的成员都以不同的维度看事情，每个人都只相信自己的眼睛，相信自己是对的。如何让大家的思维升级，站在更高一点的地方看事情？

假如我是CEO，就仿佛乘坐上电梯，从"自己看"像是乘坐2楼的电梯，从"部门看"像是乘坐5楼的电梯，从"公司看"像是乘坐20楼的电梯，从"行业看"像是乘坐30楼的电梯，从"生态看"像是乘坐50楼的电梯，从"世界看"像是乘坐100楼的电梯……假如我是CEO，意味着自己的位置变了，视角变了，站的楼层高了，看得更远更开阔了。

企业的CEO假如都带着自己的下属去看看未来，看看自己看到的愿景，团队的目标就容易达成一致。

难题是，企业的CEO看到了，但无法邀请团队一起看。一方面，我们常常说屁股决定脑袋，换位思考本来就不容易；另一方面，CEO也会着急，有时候采取的方法比较强势，破坏了团队的亲和关系，大家反而不愿意听。这时候就需要借助教练。教练的身份更客观，不会强压，而是启发，教练的深度聆听与提问方式会让团队找到自己的卡点，引发思考，从而自己得到答案，教练的方法可以做到真正换位思考，让团队产生同理心，这是教练的重要价值。教练的方法论包括价值观逻辑层次、利益相关者练习等，背后都有很深的"人"的做功方法，这些是CEO可以借鉴并学习的。

第四节　如何化解团队冲突

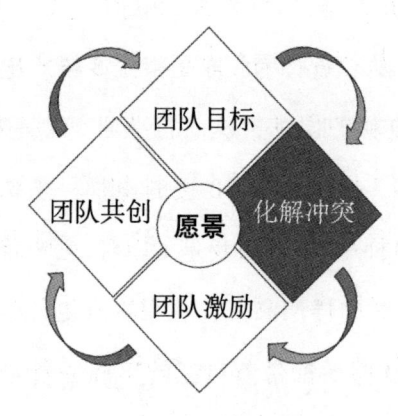

图 2-8　化解冲突

一、让矛盾显现

团队有冲突并不可怕，可怕的是团队表面一团和气，暗地里互相使绊子拆台，这才是最糟糕的。不敢发生冲突的团队，本质上也是缺乏信任的。有些团队很害怕发生冲突，彼此有意见却不敢表达，害怕对方不开心，害怕对方以后更加不合作，因此双方都没有真诚地讲出心里话，导致合作无法开展。有信任的团队，不会害怕冲突。因为彼此之间知道吵完了都不会往心里去。缺乏信任的团队，会害怕冲突的后果，不知道冲突过后会发生什么，因此害怕表达。

团队的冲突来源于很多方面。例如，视角不同、观点不同；经验不同、认知不同；抑或是后设程序（固有习惯和模式）不同；等等。

有人说价值观不同是不是也会制造冲突？价值观都是正向的，不同的价值观可以彼此融合，并用更高维的价值观来整合，因此价值观不会有冲突。有冲突的是价值观背后的限制性信念。在故事里，林思成的团队成员每个人都有自己的价值观，最后通过团队教练整合出来了一致的价值观"爱、阳光、传承、责任"，这四个团队价值观就整合了个人价值观，帮助团队化解冲突，形成新的凝聚力。

当团队有冲突的时候，第一要事是打造一个安全的沟通场域，让大家心平气和地把冲突放到台面上来，那么这个冲突就已经被化解了一半。

在智慧科技，产品总监与研发总监一直不和，互不服气，在一次电话团队教练中，教练帮助他们创造了安全的沟通场域，促进他们直接沟通，从而帮助研发总监第一次对产品总监直接表达不满。这就是一个好的开始，帮助他们使矛盾凸显出来，再把冲突转化为合作。创造安全的场域，是化解矛盾的开始。本部分的第二章我们就会讲到"团队教练重在'场'的打造"，讲述如何打造一个安全的场。

二、真实表达

团队成员能不能说真话，敢不敢说真话，是团队教练中的一个难点。信任是前提，而真实表达也是企业文化的表现。

能够真实表达，是因为团队成员知道表达后会被聆听，会被重视，如果团队成员表达完了并没有产生什么好的结果，甚至被秋后算账，团队成员就会选择不表达。

假如团队成员大多数都可以真实表达，那么团队里面的暗涌就会显现，矛盾一旦摆在台面上，就很容易解决，怕就怕大家不肯说出来。

有些企业领导喜欢"一言堂"，表面上客气地让团队成员表达，团队成员表达了之后却遭到忽视，领导依然按自己的意见来，久而久之大家就"躺平"了，再也不想表达了。慢慢地，企业文化就变成了表面一团和气，却不能直面真相。一个企业的文化基因，常常是最高领导人及其领导班子决定的。

须知，教练也不是万能的，遇到这些"一言堂"的企业领导，我个人觉得团队教练并不合适。因为团队教练是来激发团队的活力，需要尊重现场团队的意愿，允许团队重新定义成果（目标）并找到解决方案，假如团队想说又不敢说，即使说了也是由领导拍板，最后教练的方法就会失效。除非领导真诚地带着谦虚与尊重与团队一起找出路，假如这个前提存在，那么教练自然有很多方法帮助团队成员越来越敢于说真话。

例如，教练常常邀请大家在纸条上匿名写自己的观点，或者打分，把这些观点或者分数贴到墙上，每个人都可以看到所有人的观点，并自由地回应这些观点，类似的方法很多，这些方法鼓励了大家真实地表达。

团队教练很强调"场域"的打造，在团队工作坊之前教练与领导确认他的开放度，与他确认团队说什么都可以，不会秋后算账，邀请他最后一个才表达，别着急回应团队成员……这些都是团队教练要留心的，这些都是为了团队可以畅所欲言。团队成员讲真话了，领导者才会听到真实的声音，才可能看到事实真相，并进一步做后面的团队对齐和团队共建。

三、换位思考

换位思考在团队教练过程中是比较重要的方法。在故事里有个环节"假如我是CEO"，教练邀请大家站在CEO的立场来说话，这就是换位思考。在后设程序的学习中，教练邀请产品总监和研发总监互相换身份再表达，这些都是换位思考。教练邀请大家讲自己小时候的故事，创造同理心，大家发现了彭思宇孤独的一面，这也是在换位思考。我们每个人的经历不一样，因此塑造出了不同的性格、不同的固有习惯和模式（后设程序），而了解了彼此的成长故事，就为理解对方打下了基础。换位思考，本质上就是同理心的搭建。人本主义心理学的创造者卡尔·罗杰斯[1]认为："人与人在一起，假如其中有一个人开始真诚、开放、有同理心，其他人就会一起开启成长。"

四、后设程序

后设程序的英文是"Meta Program"，"Meta"是指"元"，现在流行的元宇宙也叫 Metaverse。因此后设程序又叫作元程序，它是人们应对外界的直接反应，而这些反应的背后都代表着人们的固有习惯、程序、心智模式。"Meta"还有一个意思叫作超越，意指只有当人们了解了自己的元程序，才有可能超越它。如果自己都不知道它的存在，是无法做出改变的。

团队里的每个人，因为各自的成长经历不同，从以前的经历当中积累的习惯不同，常常会产生冲突。因为这些习惯是我们过去几十年养成的，这些习惯在过去的经验中给我们带来了很多的好处（否则它们不可能成为今天的习惯），这也是我们通常所说的"路径依赖"，因为其带来了很多好处所以我们依赖它，它就是我们的固有习惯，所以被称为后设程序。因此后设程序常常是快速反应出来的（下意识的），而不是故意为之的

---

[1] 卡尔·罗杰斯（Carl Ransom Rogers, 1902—1987 年），美国心理学家，人本主义心理学的创始人。从事心理咨询和治疗的实践与研究，并因"以当事人为中心"的心理治疗方法而闻名。

（有意识的）。但如果我们知道了自己的"元程序"，就有可能改变它。后设程序不是用来给谁贴标签的，后设程序的价值在于创造团队的自我觉察，加强彼此的了解，提升领导力，拉伸阈值。

一旦发现了自己的习惯和对方的习惯不一样，领导力强的人会先做出自我改变，首先去包容对方，调整自己的后设程序去匹配对方，正所谓"山不向我走来，我便向山走去"，一旦自己改变了习惯，与对方的习惯更接近，双方的合作性就发生了。我管这个叫作阈值的拉伸，团队里越多人愿意调整自己的后设程序，大家的灵活性和互相匹配度就会越高，冲突自然而然就会被化解（如图 2-9 所示）。

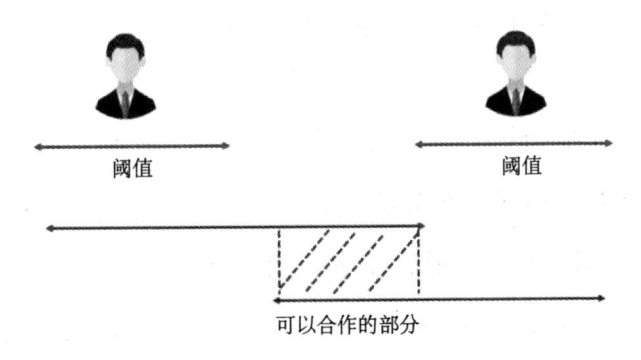

图 2-9 拉伸阈值

五、建设性冲突

有些团队害怕冲突、不敢表达不同意见，导致团队无法协同一致；有些团队虽然不害怕冲突，但是会把冲突扩大化，甚至变成戏剧化冲突，愈演愈烈，双方都下不来台，这样的冲突也是对团队有害的。

任何团队都会有冲突，这本身是正常的。正如前文所说，每个人的经历不同、观点不同、后设程序不同……因此难免会有冲突。而比较好的方式是把冲突转化为建设性冲突。

在故事中，教练在现场邀请大家遵守"团队公约"，正向陈述、绿色发言，用解决方案的方式来代替一个问题，这些方法就是保护大家既可以真实表达，同时又减少了攻击性。因为团队虽然吐槽了一个问题，然后又讲了一个解决方案，这就已经是在化解冲突，把问题导向成果，把冲突转化为建设性状态。

教练在团队工作坊中会不断观察团队的能量变化，及时调整向积极正向的方向发展，并且会时不时做"直接沟通与反馈"，帮助大家"照镜子"，帮助团队的队员看到自己的盲点、看到自己的模式，拥抱彼此的不同，再去求同存异并提出解决方案，这些都是在将冲突转化为合作。

总而言之，团队教练的核心关键是"转化"。

第五节　如何激活团队动力

图 2-10　团队激励

一、回归初心

创业路上有很多艰辛，创始人带领一个团队，到底能不能跨过这么多的沟沟坎坎，常常得回归自己的初心：我们所为何来，又去往何方？创业本身就是一个失败率很高的事情，那为什么放着旱涝保收的"铁饭碗"不要，白手起家去做事业，其中一定是有初心的，有初心才可能顶住那么多的压力，坚持下来。这个世界上不是成功的人太少，而是提前放弃的人太多。当然，除了能坚持，还得有方法，尤其是战略方向的选择（愿景）和激活团队动力的方法（"人"的工作），要不然就是盲目地坚持，结局也是不容乐观的。

对于像林思成这样的企业家而言，一方面坚守自己的初心实属不易；另一方面，能够让自己的团队也认同这份初心，并且被这份初心所感动，从而形成一种聚合的力量，更加不易。

有很多创始人都像林思成一样，默默地扛起很多压力，很少把自己的内心呈现给团队，害怕展示自己的脆弱。但其实把自己的初心亮出来，让团队都听听自己的创业故事；把自己抵押房子的压力也亮出来，让团队一起来扛；把自己喜欢吹萨克斯风的爱好也亮出来，让团队一起来互相喜欢……这样的领导者活得更纯粹，更真实。当大家都了解了创始人是一个有血有肉、有梦想、有焦虑的人，创始人从高高在上的位置走下来跟团队在一起，团队会更爱他，更愿意追随他，团队会焕发出更多活力。大概率来讲，创业成功的人，都是有独特魅力的人，都是有趣的灵魂，所以才吸引了那么多人追随他。

如果你是一个创业者，或者你是一个团队的领导者，我诚恳地邀请你把自己做事业的初心毫无保留地亮出来，这会赢得团队的尊重，并激发他们的斗志。

二、为荣誉而战

团队的动力系统中，有一个关键词叫作"在一起"，另一个关键词叫作"有进展"。在一起是为什么？为了荣誉。团队的荣誉属于大家，属于每一个人，这意味着对每个人都很重要。为荣誉而战，就是肩并肩、背靠背地一起战斗，这样的战斗经历多了，就结下了不起的战斗情谊，这种久经考验的情谊是很难打散的，团队遇到困难不退缩，就会凝聚一心。"在一起"也是团队的闪光时刻，常常赋予团队高能量。

什么是"有进展"？每一次的荣誉保卫战，都会激发团队更大的斗志，越是挑战越是艰难，越能激发团队不服输、迎难而上。每次都比过去的自己又前进了一步，就是"有进展"。团队看到业务有进展，自己有进展，就是最受鼓舞的。反之，团队总是开各种各样的会议，议而不决、拖沓推诿，久而久之大家就会心灰意冷，失去动力，甚至躺平。

故事里，林思成发出坚定的声音——"这是我们的荣誉保卫战"，这个宣告激发了团队的动力。当团队不断地打胜仗，积小胜为大胜，迅速进步时，就会更加坚定信心，迸发更强劲的动力。

正所谓"艰难困苦，铸就团队"，一支铁军常常是被烈火淬成的，而不是在顺境中形成的。

三、价值观和闪光时刻

价值观常常能激活团队的动力系统。在价值观逻辑层次中，价值观层是区分上三层和下三层的分水岭，也就是说，一旦进入价值观层，就飞到了逻辑层次的上三层，团队的能量会被激发。

故事里曾多次谈到价值观。比如在谈心的那个晚上，一群高管谈起自己小时候的故事，其中就包含了价值观；再比如5个高管并肩作战的那个难忘的夜晚，打电话给教练，谈起以前的闪光时刻，其中也包含了价值观。教练在每个工作坊里面都有深度聆听与提问，常常也会从上三层的愿景、身份、价值观，尤其是价值观这个层级来工作，可见价值观的探索对于激励团队是多么地重要。

为什么回到"闪光时刻"也会出现价值观？请你回忆一下人生中最美好的时刻，它之所以让你一直记忆犹新，其中是不是隐藏着价值观，所以那一刻才如此地打动你？

价值观就像是行为的指南针，会帮助我们保持核心稳定，状态饱满。如果我们抱持着自己的核心价值观，外界如何看、外界如何评论就都不重要了，因为我们清楚自己是谁，自己正在践行什么样的价值观，这就是为什么团队会因此越来越有力量。

四、高级隐喻和身份

在团队教练工作坊中探索身份，也是激励团队的重要方法。一般来说"身份"对于大多数人来讲是比较抽象的。因此在团队工作坊中可以运用"高级隐喻"，故事里教练问大家

"假如在自然界里面找个东西代表你自己,是什么?",这个就是高级隐喻,就是不直接问"你的身份是谁",而是通过打比方的方式,让大家去自然界里找到自己喜欢的东西,然后再提炼出身份词。故事里有人说"飞鸟",有人说"太阳",有人说"大树"……最后提炼出来的身份词是"逐梦者"。团队有统一的身份认同,这会极大地激发团队的动力。高级隐喻有很多种运用方式,例如谈一谈每个人心目中的英雄,谈一谈每个人最喜欢的电影角色,再提炼出身份词,这些都是提升团队能量的非常有效的方法。

第六节 如何形成团队协作

图 2-11 团队共创

一、全局视野，我们先于我（we before me）

让团队中的每个人都有全局观，说起来容易做起来难。假如每个人都能看到全局，那创造合作就不是难事，难的就是如何让大家看到更大的蓝图，有更大的格局？

企业内部为什么会有本位主义？各个部门负责人长期以来被各种考核指标追着跑，很容易会演变成山头林立，每个人都只顾自己、不管他人，甚至互相抢资源，久而久之就形成了部门墙。"只管自己枝繁叶茂，哪管他人寸草不生"，就是恶意竞争的形象表现。

在拼图游戏里大家原形毕露，抢资源、骗资源，非常狼狈。教练这是在通过游戏来帮助大家呈现出平时的真实状态，后来团队成员发现原来可以先给后得，把自己多出来的拼图给出去，换回来自己想要的拼图，最后形成团队的大拼图，这个工作就完成了。通过游戏里的反思，团队成员进一步发现，看到团队大的目标、大的利益，才会实现自己的小利益。智慧科技这艘大船如果倒了我们这些小船肯定活不下去，因此"我们先于我"（we before me）。团队成员认识到了这一点，就会放下个人小利益，优先考虑团队的大利益。每个人都会打小算盘，如何让大家一起来打个大算盘？教练在启发大家，做"我们先于我"的思维拉伸。

要创造全局观，一方面需要大家常常坐下来真诚沟通，互通有无，信息公开，把真实的想法摆到台面上，把各自的目标与团队的大目标对齐；另一方面需要多创造抽离的视角，从上帝视角多看看，形成全局视野，创造团队真正协作。

二、利益相关者

利益相关者练习也是团队教练的一个工具，可以很好地创造团队的协同，最重要的是它可以帮助团队放下自我，从对方的角度考虑，真正建立同理心。

假如内部团队之间，或者团队与外部客户之间，常常做利益相关者练习，就会发现其实我们并不了解对方的真正需求，只是一厢情愿地在臆测对方的需求，或者说评判对方的需求。假如团队中的每个人都愿意放低姿态，谦逊一点，多聆听，多提问，邀请对方表达清楚真实的想法，那么就有可能获知对方真正的痛苦和真正的需求到底是什么，从中找到的解决方案才是真正有效的。

智慧科技在梳理利益相关者的讨论中，发现BC集团的IT部门真正的痛苦在于如何说服他们的甲方，让BC集团的业务部门减少一些不必要的需求，从而最后锁定了BC集团的业务负责人是最重要的利益相关者，如果能够邀请他们讲出来真实的想法，就可以避免不必要的功能开发。

有了这个关键点，才有后面的实质性进展。利益相关者练习是帮助团队换位思考、建立同理心的教练工具。

三、放下自我

自我也是一个惯性思维。每个人都坚持自己的视角，就无法创造协同。放下自我是非常不容易的事。放下自我的前提是充分地接纳自我。当自我被接纳，就无须再去彰显自己的重要性。

比如，彭思宇是个相当自我的人，总是自以为是，嘲笑别人。也许是从小到大缺乏被爱被看见，或者说是缺乏安全感，他才像一只刺猬一样，总是刺伤别人，以此凸显自己的"智慧"，证明自己是重要的。但当他发现自己的孤独被人看见，被人接纳，那份"自我"的骄傲会慢慢褪下，最后积极地融入团队中来，之后更是在疫情管控期间义无反顾地担起更多的责任，帮助团队渡过难关。

通常放下自我就意味着愿意放下自己的骄傲，放下自己的自以为是，愿意站在对方的角度考虑，愿意为了大局舍弃小我的执念。

放下自我，背后也是一种敬畏之心，意识到自己的不足、自己的局限，意识到这个世界还有很多事情光靠自己搞不定，得向别人寻求帮助，这时人们就会愿意放下自我。

前文所述的"全局视野""我们先于我""利益相关者"等，都与放下自我息息相关。假如这些都做得到，那么自然而然地会放下自我。反过来说，假如一个人真的放下自我，那么这个人就更可能做到"全局视野""我们先于我""利益相关者"。这些都是彼此支撑、互相发展的。

领导者更重要的修行，是觉察到"自我"的念头冒出来的时候，它在说什么，它背后的正向动机是什么，它真正的需要是什么，以及它如何阻碍了你，一旦对"自我"的念头有所觉察，并学会接纳它，它就释怀了，它就不会再跳出来干扰你去完成更重要的事。

故事里，研发部门的梁军克服自我的习惯去适应客户的需要，这是很不容易的，尤其是他的性格偏内向，又比较固执。他的转变虽然慢，但他一旦想通了就坚定地执行，放下自己的坚持去向客户学习，后来以坚韧不拔的精神和卓越的成果，赢得了客户的尊重。

四、游戏力

游戏力，也是一种新型的领导力。尤其是面向 Z 世代的员工来说，他们讨厌说教，如果用游戏的方式来帮助他们创造觉察，他们会比较乐于接受。

一方面，团队在面对比较挑战的难题时，常常跳不出惯有思维，容易陷入经验主义的藩篱，此时用游戏来调动大脑，人们会比较容易从惯性思维里跳出来，得出崭新的答案。

另一方面，当团队成员彼此的信任不足时，也会打不开，这时候用一下小游戏，可以迅速地帮助团队建立亲和关系，放松下来，真正地投入到工作坊的体验中去。

教练在故事里设置了若干个小游戏，例如"重新了解彼此""背靠背的信任""拼图游戏""剧场表演""愿景绘画""说说你的小时候""闪光时刻"等，这些都是帮助团队创造深度体验的游戏。

通过游戏，人们的头脑放松下来，活跃起来，跳出平时的条条框框，更有能量和资源，源源不断地创造新的灵感，从而创造了深度协作的可能性。

五、自主认领任务

团队教练的尾声是关于团队行动计划的设计。团队的行动计划是团队成员讨论出来的，而不是上级委派的，这一点也是教练的工作原理：让每个人回到"我要做"而不是"要我做"。当团队成员讨论过各种可行性再得到行动计划时，会对此更有信心。假如是上级委派的，可能团队成员会觉得这是你要的，但不是我要的。另外，让团队去制订行动计划并主动认领任务，这个过程赋予了团队责任感和归属感，这也是一个赋能的动作：我们相信团队能扛起来，团队是有责任感的、有能力的。因此，自主认领任务会让团队更认同行动计划，更有动力去执行，而不是被动地接受委派。

团队教练常常也会因地制宜地采用一些合理、有趣的形式让团队认领任务，增强现场欢快的气氛，创造仪式感。通常在行动计划设计并邀请团队队员主动认领之后，教练还会安排一个小小的高光时刻来作为工作坊的结尾，即请每个队员分享自己的收获，并表达自己的期待。这个高光时刻让大家把这个感动记在心里，带着高能量回到日常的行动中，让这个行动可以更持久、可以真正落地。

【总结】

团队跃升地图是一个框架，是帮助我们打造高绩效团队的一个系统，它的核心是"愿景"的驱动，四个轴转"团队目标、化解冲突、团队激励、团队共创"围绕着"愿景"核心形成了新的动力。

团队愿景与团队目标有本质的区别，愿景调动了人类的视觉脑，形成团队统一的画面，所以它能提升团队能量。围绕着愿景，团队信任先行、成果导向（对齐目标）、愿意讲真心话、敢于暴露矛盾并化解冲突、回归初心、回归价值观、建立真正的共创和协同。团队能量不断地正向循环，从内卷改变为外卷（革命），由内而外地引发变革，打造越来越强的高绩效团队。

第二章　团队教练重在"场"的打造

第一节　什么是团队教练

一、团队教练的定义

团队教练是一个系统工程。团队教练是一场"一对多"的教练对话，团队教练通过框架性的教练流程和深入人心的团队对话，帮助团队彼此承诺、相互负责，致力于共同使命和绩效目标，完成个体无法完成的工作。团队教练的能力比个人教练的能力要更加系统而全面，教练过程是灵活应变的，通过教练对话和团队共创的各种有效工具来激发团队的能量、信心和追求卓越。

团队教练有三个层次（如图 2-12 所示），我借助西蒙·斯涅克的黄金圈来描述一下：第一个层次是在"what"层级上，关注内容和事情；第二个层次是在"How"层级上，借助流程和框架的力量把问题解决；第三个层次是在"Why"层级上，这也是最高级别的团队教练，是在做"人"的工作，做"人"

的转化。"人"的转化包含：意识转化、能量转化、协同转化、能力转化，其中最重要的是意识转化，意识转化是起点，有了意识转化才有后面的能量转化、协同转化、能力转化。"人"的转化，不是单纯地把问题解决，而是透过意识上的点亮，产生自我改变的意愿，透过现象（事情）看本质（人），通过解决事情让冰山下"人"的暗涌浮现出来，即把团队的矛盾呈现出来，并调动场域能量把这些负向的、深层次的矛盾转化为正向的成果，团队达成了一致，形成一致的协同力，最后通过提升自身的能力来面对未来的不确定性。这个原理，就是 PLTOC 绩效跃升地图的基本原理："借事修人，借人完事""事是表象，人是根本"。（如图 2-2 所示）

用一句话总结就是：**团队教练的核心是转化，其重点在于让团队真正地成长，团队内部形成合力、提升组织内部的灵活性来应对外界的不确定性。**

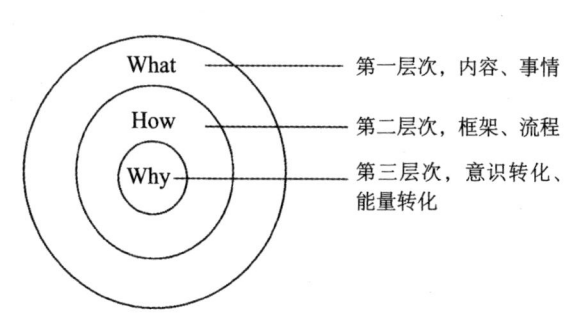

图 2-12　团队教练的三个层次

二、团队教练与个人教练之不同

团队教练是一个教练对一个团队开展教练式的对话。人数从几人到十几人不等。个人教练是一对一地开展,一个教练对应一个客户。一般团队教练是 15 人以内。根据 ICF(国际教练联盟)的规定,超过 15 人的团队教练需要增加一名助教教练。须知团队教练的参与人数太多了会影响深度沟通,容易变成形式主义,只走了个流程。

个人教练是团队教练的基础,如果没有个人教练的能力,是很难胜任团队教练的,因为教练在现场要面对不同的人,可能会出现冲突、挑战、质疑、不回应等各种情况,教练需要在当下通过短暂的"一对一教练对话"或者"一对多教练对话"来对个别队员做处理和干预,并始终保持团队的整体性。同时,在团队教练的过程中,无论运用什么工具和框架,本质上都是教练对话的基本功,即亲和、合约、聆听、提问、唤醒觉察等,正所谓,万变不离其宗。因此团队教练需要有个人教练的功底。

个人教练的流程和工具相对简单,团队教练的流程和工具更加多样化,也更加复杂一些。两者通用的工具也不少,例如价值观逻辑层次、利益相关者练习、平衡轮等,都是通用的。

团队教练通常在一个比较大的空间里开展,因此团队教练在"场"的打造上也需要下功夫,而个人教练是一对一的,只要环境比较私密安静就可以了,对"场"的打造没有特别要求。

团队教练既能照顾到现场的每个个体,同时又能照顾整个团队,这相比较于个人教练对话而言对于教练本人的"灵活性""洞察力""系统性"有更高的要求。

需要说明一点,在团队教练开展过程中,教练也会因地制宜戴上不同的帽子变换不同的角色,在某些时刻是"教练",专注地聆听和提问;某些时刻因为现场的团队处于"不知道"的状态,因此可以先做培训的导入,分享一些方法论和工具;还有某些时刻需要用引导的工具。而教练本人知道自己在戴哪一顶帽子,知道什么时候换帽子戴,能够灵活地整合培训、引导、教练这些不同的方法,都是可以的,教练遵循"客户价值最大化"原则,教练做什么都是围绕"如何最好地支持客户"来工作。

团队教练的最终目的就在于真正帮助团队,而不在意用了什么工具和方法,工具和方法都可以为我所用,教练甚至可以即兴创造新工具新方法。我常常说教练可以把工具和各种方法像乐高积木一样拆解后重新组装,只要这个做法对客户是有效的,就可以自由灵活、因地制宜地使用。

三、团队教练与"团队引导""行动学习"有何不同

团队引导：团队引导是一门鼓励所有相关人员都参与，并以富有创意的方式，透过流程引领人们达成共同目标的艺术。引导时关注的焦点是既定的成果。引导是通过流程，激发对话与共识，把既定的成果实现。引导的成果分理性成果和感性成果。

行动学习：由瑞文斯（Reg Revans）首创，从1945年左右在英国的产业领域开始广泛运用。行动学习是一个持续的、高度集中的小组学习过程，在小组学习的过程中，小组成员依靠相互帮助来解决当前面临的实际问题——同时从中获得学习。学习的主要来源，是学习者试图解决生活和工作中遇到的实际问题的持续行动，以及对这些行动所进行的反思。

团队教练：相比较团队引导和行动学习而言，团队教练的成果不是事先既定的而是灵活可变的，团队教练在流程上的随机应变也更多。在团队教练的过程中，教练与团队常常重新确定新的团队议题（成果层层递进），而流程则会因为成果变了也相应地改变。因为在不同的成果指引下，不同的流程有其不同的适应性。

一般情况下，团队引导相对比较看重成果，而团队教练认为比成果更重要的是人，教练更关注"人"的成长，因此"成

果"是表象,"人"才是团队教练的根本。

通常来讲团队引导是单次发生,而团队教练对于企业是多次发生、长期陪伴的。

美国的引导大师罗杰·施瓦茨认为引导分"基础型引导"和"发展型引导",而"发展型引导"其形式和内核与团队教练非常相似。我相信大道至简,各种流派各种学问做到极致,其底层逻辑都是一样的,只是侧重点不同而已。

团队教练、团队引导、行动学习都有各自的优势和应用场景,我整理了图2-13和表2-1来对比三者的特点,企业可以根据自己的需求来选择最适合的方式。

除了以上三种方式,企业还可能选择培训、咨询等方法,教练与培训、咨询有何异同?当团队缺乏概念、缺乏认知和经验的时候,教练并不一定是最有效的方法(也就是我们俗称"一张白纸不适合被教练"),这时通过培训、咨询、专家、导师直接给建议、直接给方法更合适。当团队有经验有认知,但目标不一致、缺乏团队融合,缺乏凝聚力、协同力,选择教练方式会更合适。企业可以打组合拳,把咨询和培训与团队教练整合在一起,按照需求来定制,往往是效果最好的。

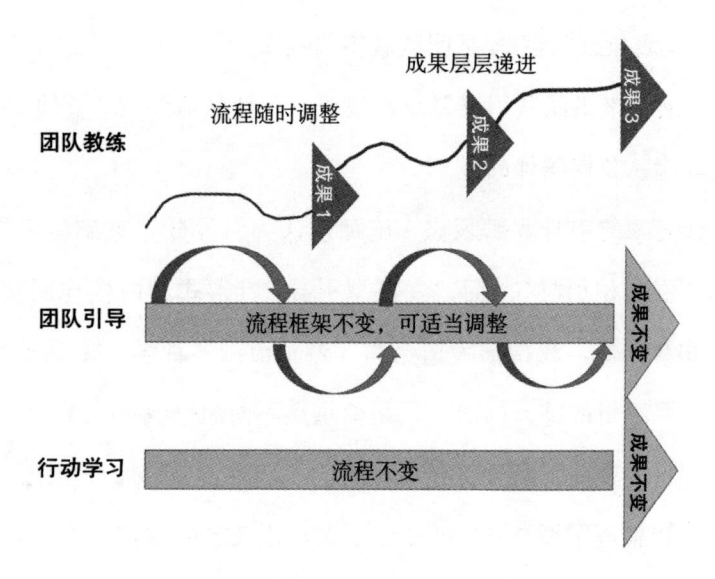

图 2-13 团队教练、团队引导、行动学习的区别

表 2-1 团队教练、团队引导、行动学习的不同

	成果与流程的可变程度	重点在什么	真正价值是什么
团队教练（"人"的比重很大）	成果是可以随机变化的，流程也是可变的，很灵活	人的转化是重点，尤其是"意识转化"是关键。解决问题是顺带完成的，并非关键。借事修人，借人完事	团队的转化，通过提升团队内在能量，创造人的意识觉醒，内在觉察，化解冲突，创造团队真正的协同力和凝聚力
团队引导	成果是既定的清晰的，流程可以适当变化	既定成果是重点（理性成果和感性成果），流程可以变化	通过流程，激发对话与共识，创造既定成果
行动学习	成果是既定的，流程不变	解决问题是重点，关注过程中大家学习到了什么	直接解决问题，解决问题中的收获和总结

第二节 团队教练重在"场"的打造

团队教练要真正起到凝心聚力的作用,其中一个重要的元素是"场"。有时候我们说一个人"气场"很强大,那么一群人在一起,"气场"就更明显了,这个"场"需要教练细心地去感知和观察,并及时做出调整。

"场"的打造,本质上就是一个能量场的打造,也是能量的洞察和催化的动作。

例如,有些团队比较活跃,很快就可以轻松地开展讨论;有些团队比较保守谨慎,可能要花很长的时间才能够真正敞开心扉,才可以进入真实的讨论,因此这些情况都需要我们仔细地观察。作为团队教练,我们需要具备眼观六路、耳听八方的能力,仔细地聆听和感知这个场域,如果发现其中存在不和谐、有冲突、有情绪的情况,教练都可以感知并轻松地化解。

一个好的团队教练的"场",需要创造:安全、开放、包容、正向。

教练需要具备比较灵活的状态,放松好玩,这样才能感知"场"的能量,灵活地应对它,并转化场域的能量。

"转化",才是团队教练的核心本质。

一个团队教练工作坊的"场",可以分为以下几个方面来搭建（如图 2-14 所示）。

打造场域的力量

- 环境布置
- 信任
- 教练本人的状态
- 定向（目的）
- 安全，开放，包容，正向
- 团队公约
- 心理建设

图 2-14　打造场域的力量

一、环境布置

环境的布置也是打造"场"的一个重要元素。首先是场地的选择，空间要足够大，不能太局促，层高最好超过 3.3 米，有窗（自然光），如果有条件的话可以到室外，到远离办公室的一个环境优美的地方。远离办公室，一方面是为了让大家全身心投入进来，避免时不时地受到办公环境里的干扰；另一方面也是为了让大家换个有新鲜感的地方，有利于大脑创造新的思路。

环境的布置还包括一些充满色彩的装饰，例如买一块引导布（清雅的颜色），地上可以放上一些可爱的卡片，现场还可以放一些轻音乐营造气氛等。

二、信任

团队的信任体现在整个团队教练的对话中,大家是不是讲真话,是不是真的愿意面对冲突?一个充满信任的团队,允许所有人真实地、自然地表达。相反,一个缺乏信任的团队,常常会有冲突、貌合神离、敷衍、缺乏投入。教练可以深入细腻地观察团队的能量和氛围,通过创造团队对话帮助团队融合并提升能量,同时在当下某个时刻选择性地与队员展开一对一教练对话来化解冲突、打消顾虑,帮助团队创造安全的信任的场域,因此说一对一教练水平是团队教练水平的基础。

三、教练本人的状态

教练本人的状态在理想情况下是放松且专注的,新手教练不可避免地都会紧张,因此需要做一些自我调适,放下自我过高的要求,大胆地去尝试,接纳自己也会有失误。教练需要处理自己的四大恐惧:害怕梦想,害怕失败,害怕系统认同(外界评价),害怕内在冲突(自我评价)。五大原则对于教练自己也是适用的,"我是OK的,我的行为背后有正向动机(帮助团队成长),我是资源具足的,我做的选择在每个当下都是最好的,改变一定会发生、而且无可避免。"

做团队教练前,教练们可以组成支持小组以利于护场,做好应对突发状况的准备,并且可以互相观摩互相补位。团队教练今后的发展趋势是"团战",就是三五个教练组成教练小组长期陪伴一个企业成长,适应企业的长期发展。

四、定向(目的)

教练提前与团队做好定向,包括团队的领导(一把手)和团队中的关键人物(或者意见领袖、反对者),与他们确认工作坊的议题(成果)是什么?因为团队教练的成果是可以在团队教练过程中发生变化的,因此教练需要提前征得一把手的同意:假如现场的团队议题(成果)发生变化,是否允许?大多数情况下团队一把手都会允许的,因为他也想要一个真实有效的团队对话,而不是走形式。还需要与团队一把手确认有哪些议题是不适合在这里谈的?(例如关于组织架构、股权激励等敏感话题。)

五、心理建设

团队教练进行之前,教练要与团队的领导(团队一把手)做些心理建设,提前预警一些团队教练中可能会出现的情况,例如现场大家有不同意见但不说,也可能会发生冲突,如果现场有情绪激动的表达能不能接受?是不是允许大家说什么都行?

团队教练进行之前,教练也会针对一些关键人物或者意见领袖做一些教练前访谈,通过访谈一方面做背景信息的收集,另外一方面也是提前与大家做心理建设，了解大家对工作坊的期待，并对工作坊的整体设计做出相应调整。

六、团队公约

团队教练开始时需要与大家一起设定团队公约，如果时间充分可以邀请大家一起来定，一般在 4～5 条，如果时间不够可以把以下几条列出来与团队确认。

团队公约通常有以下四条：

1. 放松、投入、好玩。
2. 积极正向，无评判、无指责、绿色发言。
3. 成果导向：以解决方案的方式表述一个问题。
4. 管理时间（时间有限，需要聚焦，一次解决一个问题）。

第三节 团队教练有哪些注意事项

一、注意团队是否有足够意愿

假如教练的过程中发现团队不够投入，现场气氛不活跃，在场者也不回应，教练可以用一些暖场小游戏帮助大家打开，还可以多邀请大家谈谈自己想要的是什么。如果在大组里面大家不爱讲，就分成几个小组，通常在小组里面大家就会比较愿意讲话了。总之教练要多关注团队的状态，如果意愿不强就不要强行做教练，而是先松松土，让团队放松之后再尝试进行下一步。

二、注意团队领导是否尊重团队的意愿

有些团队的领导请教练只是想借助教练之外力来搞定自己的团队，教练需要提前与领导确认他请教练的真实意图。如果发现这种苗头，教练需要用艺术的方式去沟通，并请他放下强烈的企图心。一旦领导明白了强行来只会弄巧成拙，他们是有智慧的，自然会调整心态。假如团队领导还是要按照自己的意愿来，教练们需要考虑是否继续为之服务，或者就改为其他的方式例如培训课程，而不是做团队教练。

三、团队领导不够开放，害怕真实的团队声音

有些团队领导看似强大，其实内心虚弱，尤其是听不得真话，一旦团队成员在安全的场域里讲出来憋了很久的委屈，领导很可能会无法接受。教练事先在与领导的沟通中也需要观察他的承压能力并做好心理建设和定向，并可以提前安排一个"领导的助手"坐在他旁边，如果发现他想跳起来的时候就提醒他平心静气，而这个安排也是需要事先与领导沟通并确认的。

四、团队领导或团队对于教练的认知不足或没有达成一致

领导或者团队认为团队教练就像体育界的教练，是来做出

指导、给出解决方案的，或者以为教练就是顾问，他们也不太清楚其中的种种区别。我们可以在团队教练开始之前先给团队领导和相关人员开会沟通一下对齐认知，让大家对"教练是什么""教练与培训、引导的区别"做一些基础了解，确认一下团队教练这种形式是不是大家想要的？还是说更好的方式是做个培训或者做引导？在团队教练的破冰环节中还可以适当为团队分享一下"教练的价值"，等大家有概念了再开展团队教练。

五、团队缺乏信任，还没有准备好真正打开心扉

团队是新成立的，或者最近遭遇了挫折，打不开、不愿意走心，整个过程很敷衍。教练需要感受到团队的能量，同理他们的境遇，通过现场的深层次聆听、深度提问、建立亲和信任的小游戏，帮助团队慢慢打开，愿意真实表达，再聚焦成果和未来。

六、教练避免固化了团队教练的流程

当我们是新手教练的时候，还不能深刻地理解这些教练流程和教练动作背后的意涵，比较容易固化一招一式，僵化地走流程，因而中间错过了一些能量点、错过了一些转折点，没有及时转换工具和流程，这些都是正常的。我们作为教练，如果想要精进，就需要不断自我觉察、复盘和总结。教练也不是一天就练成的。根据ICF（国际教练联盟）的认证规则，成为一个专业教练需要500个小时的实践积累（3~5年时间），成

为一个大师级教练需要 2500 个小时的实践积累（7~10 年时间）。

教练想要有真正的成长，可以邀请资深的教练做督导，给自己反馈有什么需要改进的部分。教练还可以记录下整个团队教练的过程，不断复盘，长此以往自然会精进。

正所谓实践出真知，实践是检验真理的唯一标准。

七、教练需要专注且放松

教练如果太在意他人评价，或状态不够放松，就会导致现场无法专注，教练水平不稳定。假如一个教练的内心是稳定的、从容的，那么无论遇到什么样的团队、多么强势的领导，都能迎难而上。因此团队教练的难点还在于教练本人，能不能克服内在恐惧，能不能始终保持"合一的、灵活的"状态，这决定了教练能否全然投入在当下支持团队。教练有可能遇到现场的一些突发状况，遇到团队里面的一些特别较真的、固执的人，他们可能会挑战教练，因此教练自己的内在需要非常稳定才能应对外面的世界。

教练本人内在强大了，就有能量去支持团队。否则当教练遇到能量低的团队时，自己的能量也会被带到低水平，就无法起到教练的作用。

假如教练的状态足够好，就有机会带动整个团队的能量往上走，并且越来越好，最后突破阻碍，创造一个高光时刻，并自然而然地找到解决问题的方法。

这个世界往往是反向运作的，我把世界运作的规律整理成三句话：

快就是慢，慢就是快；

少就是多，多就是少；

内就是外，外就是内。

外在世界是内在世界的反映，内在世界决定了外在世界。

【总结】

这一章讲述了团队教练与团队引导、行动学习的区别在于团队教练的主要关注点在"人"，团队教练的三个层级中最高层级是在做"人"的转化（意识转化、能量转化），解决问题是顺带做的，即"借事修人、借人完事"。

正因为团队教练在"人"上面非常关注，因此团队教练很看重"场"的打造，这个场需要具备"安全、放松、包容、正向"的氛围，教练的基本功亲和、聆听、提问、反馈以及很多注意事项、提前准备工作其实都是在做"场"的打造。

转化，才是团队教练的核心本质。而转化的力量，是由"场"里面的能量流动创造出来的。

第三章 PEAK 团队巅峰对话流程

第一节 PEAK 团队巅峰对话的明暗线结构

第一章介绍了团队跃升地图是一个赋能团队的系统,把团队跃升地图的一个核心(愿景)和四个轴转(团队目标、化解冲突、团队激励、团队共创)按时间轴展开后可以对应PEAK形成具体的教练对话流程。

PEAK 巅峰对话是上下对称的,成镜像,上面是明线,下面是暗线。

上面的明线像彩虹桥,为团队创造从此岸飞到彼岸的体验,下面的暗线像潜水艇,为团队创造深度融合、深度共鸣的觉察。

PEAK（团队巅峰对话流程）

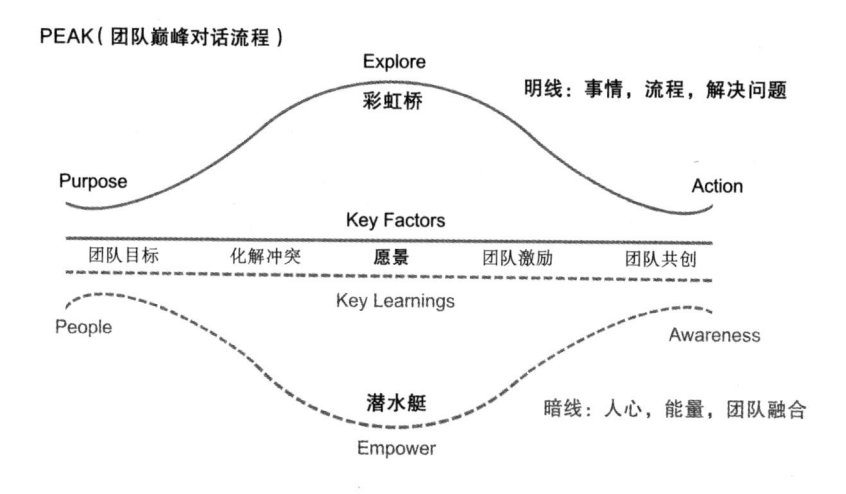

```
                    Explore
                    彩虹桥              明线：事情，流程，解决问题

    Purpose                                          Action
                    Key Factors
    ──────────────────────────────────────────────
    团队目标   化解冲突   愿景   团队激励   团队共创
    ─ ─ ─ ─ ─ ─ ─ ─ ─ ─ ─ ─ ─ ─ ─ ─ ─ ─ ─ ─
                  Key Learnings
    People                                        Awareness

                    潜水艇              暗线：人心，能量，团队融合
                    Empower
```

图 2-15　PEAK 团队巅峰对话流程（完整版）

PEAK 是我带领旭势教练团队在过去十年实践中总结出来的，它包含四个步骤，合起来 PEAK 字面意思是巅峰对话。它的形状是"开合"的，像个能量的容器，两头小中间大，就是指团队的能量在 E 这个环节是最饱满的，达到了能量的高峰值，团队有了高能量才会有后面持续的行动力，因此这个流程叫作"巅峰对话"。

PEAK 的特点是具有明暗线结构。什么叫作明暗线？明暗线，好像我们熟悉的太极两仪图，意味着"阴中有阳，阳中有阴"。阳，是明线，解决事情；阴，是暗线，关乎人。这两条线，像两只毛衣针，互相穿插，最后才能织出一片美丽的锦缎。

团队教练的难点就在于，既要处理好"明线"，获取成果，同时更要时时观察团队的状态，处理好"暗线"，关照情绪，提升能量，而这些是冰山下的、看不见的，因此尤其考验教练本人的能力。

PEAK 是一个总体流程，基本上每次团队教练工作坊都会用到，P、E、A、K 四个步骤里面又各自可以包含不同的小的团队教练工具，我称之为"嵌套结构"，从而组成了灵活变化的团队教练工作坊。在这一章我给大家重点介绍十二种最常用的团队教练工具，实际应用的工具远不止这些。当我们理解了团队教练的精髓，那么工具都是可以灵活运用，自由拆解和组装，甚至教练还可以因地制宜地即兴创造工具。因此工具不是重点，重点是"流动"和"转化"。

我常常说，教练的最高境界是"无痕教练"，看不出来用了什么工具才是高级别的教练。假如工具用得太重或者太僵化，反而会起反作用，影响了团队教练的能量流动。因此让团队能量流动起来才是最重要的。正因为团队教练是灵活多变的，所以它像一件艺术品，没有一次是重复的，参与对象不一样，教练的方式也不一样，创造的流动和深度体验也是不一样的。

第二节 PEAK 团队巅峰对话的明暗线解构

PEAK 的明线是 P（Purpose）、E（Explore and Experience）、A（Action）、K（Key factors），分别对应团队教练的目的（议题）、团队教练的体验式探索、团队教练的行动计划，以及团队教练的关键成功要素。明线是事情、流程，关注的是解决什么问题，取得什么成果。

PEAK 的暗线是 P（People）、E（Empower）、A（Awareness）、K（Key learnings），分别对应团队教练更重要的是"人"而不是事情，团队教练对团队"赋能"，创造团队的"觉察"，支持团队的学习与成长。暗线是人心、团队能量，关注的是化解冲突，提升团队自我觉察，创造团队协同力。

PEAK 的明暗线穿插进行，随时灵活变化，教练一方面关注问题如何解决，另一方面又要观察团队的冲突、能量、动力和灵感。团队教练常常是眼观六路耳听八方，因此教练聆听的能力是既广泛又深入的。当教练的状态既专注且放松，自然可以做到广泛且深入的聆听。

一、P（Purpose 目的 + People 人心）

明线：Purpose（目的）是指团队教练对话的主题，它代表着团队的意愿，想要去哪里、想要什么。团队工作坊的主题是现场与团队敲定还是事先定下来？教练如何去确认这个团队工作坊的议题？

　　团队领导允许团队议题发生变化的前提下，教练在现场需要与团队确认，这个事先定好的议题是不是大家想要的？如果现场有不同意见，就邀请大家充分表达，并迅速确定新议题。团队教练是允许并尊重团队现场讨论新议题的。这就是图2-13和表2-1提到的团队教练与团队引导的区别，团队教练是成果层层递进可以灵活变化，而团队引导在一开始就基本锁定了议题（成果）。

　　团队议题（成果）灵活多变，这符合PEAK暗线"人心"的做功点。团队教练的关键人员有两部分，一部分是团队的领导，另一部分是团队本身。团队教练工作坊的效果如何与这两部分有很大关系，尤其是团队的领导，他是否开放、是否接纳，直接影响团队教练的效果。

　　暗线："People"（人心）是指团队工作坊的开场，先要建立教练与团队的亲和与信任关系。教练用温和而坚定的语气，给人以如沐春风的感觉。这是如何做到的？团队教练特别关注能量。首先教练需要特别关注团队的真实意愿，需要关注团队是真心想投入工作坊还是被迫来的、做做样子来配合你的？他们是不是真的畅所欲言？他们是在真实地表达还是在敷衍地认同？为了让团队愿意说真话，团队教练的开场需要做一些破冰小游戏来建立亲和与信任，例如"'我'的使用手册""闪光时刻"等，帮助团队创造开放的、安全的自由讨论空间。教练在现场也需要注意团队的领导的反应，要提前跟他打个招呼，请他尽量少发言，或者邀请他时再发言，避免因为权威的言论导致团队不敢说话。从团队教练的一开始，教练就需要特别关注团队的能量，以时时做好调整。

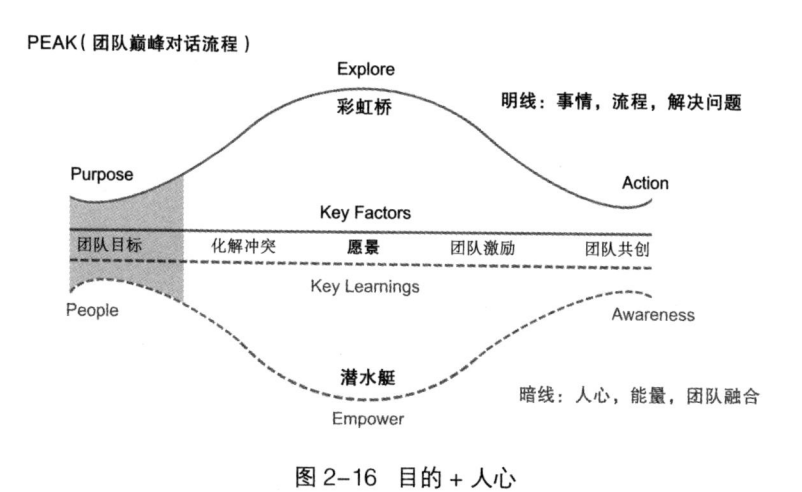

PEAK（团队巅峰对话流程）

明线：事情，流程，解决问题

Purpose — 团队目标　化解冲突　愿景　团队激励　团队共创 — Action

Explore 彩虹桥　Key Factors　Key Learnings　潜水艇 Empower

People　　Awareness

暗线：人心，能量，团队融合

图 2-16　目的 + 人心

二、E（Explore / Experience 体验式探索 + Empower 赋能）

明线：Explore / Experience（体验式探索）是指教练与团队确定了工作坊的议题之后，便进入启发团队探索的过程，这个过程需要带着高体验度来探索，否则团队就很容易走脑，就事论事地谈表层，而缺乏跃升式的新思路。例如教练带着团队走迪士尼策略，走价值观逻辑层次，运用平衡轮等，都是一种创造体验的过程。

在 E 这个步骤里，教练是拉升能量的，让团队的能量达到高峰值，带着这个高能量团队可以去到上帝视角，跳出平时的惯性思维、思维突破，创造各种新的好点子，后面再慢慢落到"合"，也就是收敛的过程，并导出行动计划。

在这个体验环节中，我们不会拘泥于工具和流程，工具和流程是为我所用的，工具和流程可以变化。而且可以产生嵌套，嵌套是指大的 PEAK 里面可以包含小的 PEAK 流程，同时 PEAK 里面也可以包含各种各样的小工具，甚至我们可以自如地拆解工具并重新组合它们，形成新的流程。例如我们在 PEAK 的 E 步骤运用"价值观逻辑层次 + 三条业务发展曲线"，在 PEAK 的 P 步骤运用"闪光时刻 + '我'的使用手册"，或者在 A 步骤运用"平衡轮 + 利益相关者"等，都是可以的。这些灵活的嵌套和工具的整合，配合教练随时即兴的提问和启发，因其看似有形又无形，让团队沉浸在高体验度当中，而完全不需要关注流程和工具，让团队真正地进入工作坊，能量流动了起来。好的一场团队教练工作坊是沉浸式体验，没有痕迹。

教练的最高境界就是"无痕教练",你做了一场很棒的教练,大家都说收获很大,回头一盘点就发现里面有很多灵动的自然呈现,而不是刻意地走流程。

暗线:"Empower"(赋能)是指在这个阶段,教练要通过流程框架带着团队体验,同时也要暗暗地观察着团队的能量,并时不时地调动团队的能量以达到"向上飞得高,向下潜得深",能量越来越饱满。明线的"体验式探索"是彩虹桥,暗线的赋能是潜水艇。既有高能峰值,又有潜入内心的感动和洞察。

赋能的英文单词"Empower",从字面上理解就是"把力量给你",赋能意味着教练把团队缺乏的力量,通过教练的聆听、提问、反馈赋予了团队,在故事中教练多次提问并整合团队的价值观,这就是赋能;在团队最艰难的时刻,教练邀请大家回忆"闪光时刻",这也是赋能;教练邀请大家正向表达、遵循成果导向、看未来的愿景……都是在赋能。赋能,就是让对方充满希望,越来越相信自己是可以实现未来愿景的。教练的赋能,是让团队一起来相信"相信"的力量。

除了提升信心,提升团队能量,教练在暗线还需要处理冲突和暗涌。分清谁是意见领袖,谁是保留意见者,谁是反对者?同时要细心地留意他们之间是不是有冲突?他们的信任度如何?团队氛围是否融洽?他们的协作力如何?假如发现了冲突，我们要及时地干预并处理，帮助双方把不同的意见做整合，并化冲突为合作，即"建设性冲突"，因此有冲突其实也是一个好事，比团队不说话、假装认同要好。在这里，优秀的团队教练还能够瞬间识别出双方的后设程序，并且分别用对方舒服的方式来做个人教练，这样可以很快帮助双方放下分歧，达成一致往前看。因此个人教练是团队教练的基础，团队教练里面有很多个一对一教练的小场景穿插进行，即前文说过的"嵌套结构"，在大的对话里面有小对话，在大流程里面有小流程。在这个阶段，教练一边观察，一边通过提问让团队的"暗涌"不断自然清晰地呈现出来，从而整合团队目标、提升团队的能量，打造一个高能团队。

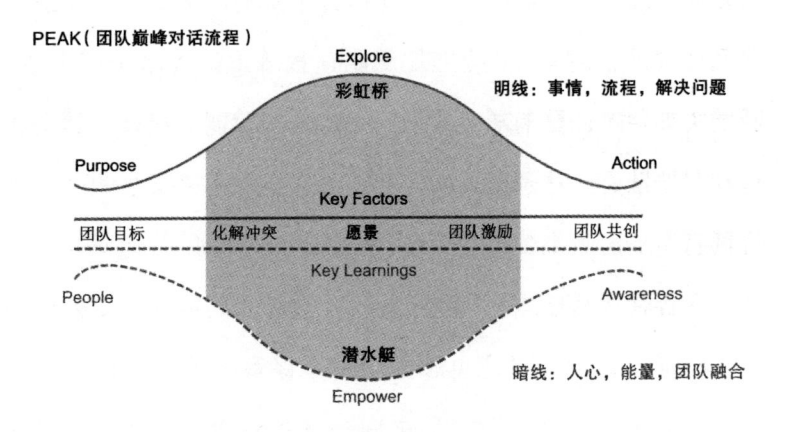

PEAK（团队巅峰对话流程）

明线：事情，流程，解决问题

Explore
彩虹桥
Purpose　　　　　　　　　　　　　　　　Action
Key Factors
团队目标　化解冲突　愿景　团队激励　团队共创
Key Learnings
People　　　　　　　　　　　　　　　　Awareness
潜水艇
Empower

暗线：人心，能量，团队融合

图 2-17　体验式探索 + 赋能

三、A（Action 行动 + Awareness 觉察）

明线："Action"（行动）是指在这个阶段，教练需要督促团队落实行动计划。行动计划不需要大而全，而是要小而美。假如行动计划太庞大，团队会有畏难情绪执行不了，不如先定一个小一点的计划，因为行动小，团队可以迅速行动起来、迅速调整。行动计划的时间也不宜太久，可以跟团队确认做多长时间的行动计划，一般来说是 1~3 个月，如果是关于宏观方向的可以考虑定一年。

暗线："Awareness"（觉察）是指在这个阶段，教练在深入地引发团队更多的觉察，通过拉伸阈值、价值观的探索、转化视角、照镜子、直接沟通等，帮助团队成员互相有所觉察。这些觉察包括团队的氛围如何，团队的信任度如何，为什么我们之间有那么多冲突？团队有多相信这些成果和路径？团队的创新能力如何？团队有勇气挑战不可能吗？在这个阶段，教练一边观察团队，一边通过深度聆听、直接沟通和反馈、有力量的提问甚至一些挑战式的提问让团队的内在驱动力显著增强，从而真正促使团队由内而外地改变。

PEAK（团队巅峰对话流程）

```
                  Explore
                  彩虹桥                       明线：事情，流程，解决问题
     Purpose                          Action
                Key Factors
     团队目标  化解冲突  愿景  团队激励  团队共创
                Key Learnings
     People                          Awareness
                  潜水艇
                  Empower             暗线：人心，能量，团队融合
```

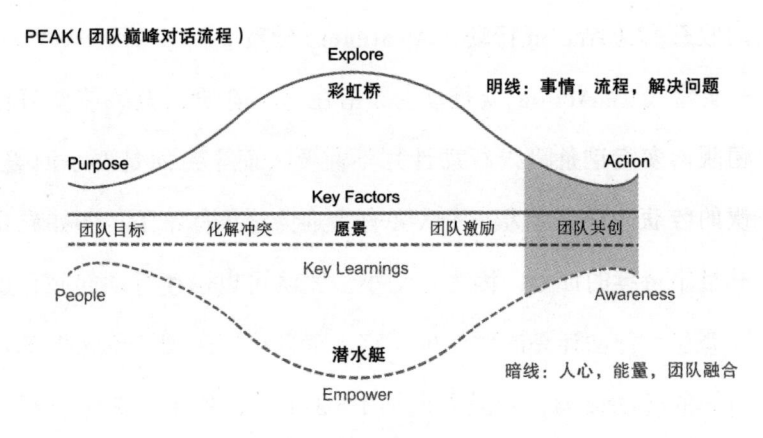

图 2-18　行动 + 觉察

四、K（Key factors 总结 + Key learnings 学习）

明线："Key factors"（关键要素的总结）从工作坊的开始贯穿到工作坊的结尾，教练一直在支持团队做关于"关键要素"的提炼，到工作坊的尾声还会邀请大家一起来总结收获。一场团队教练下来，团队里面的每个成员都会有所得，邀请他们逐一表达一下自己的收获，有哪些关键要素，这有助于他们进行反思和提炼。只有团队成员自己总结，才会成为他们的宝藏，并且之后可以持续应用于工作中。因此在这个阶段，教练要避免代替大家提炼，而是启发鼓励大家分享和总结。

暗线："Key learnings"（学习）从工作坊的开始贯穿到工作坊的结尾，也是一个很好的萃取动作，除了表面的关于事情上

的收获和总结，我们还需要多留意那些"暗线"中的，"人心+能量"的部分，也就是多谈谈感悟，多谈谈感受，多谈谈价值观。多走这条暗线，就会发现团队教练会带给大家很多深层次的收获，这些收获归根结底就是团队的转化、团队的成长，并且是持续的成长。

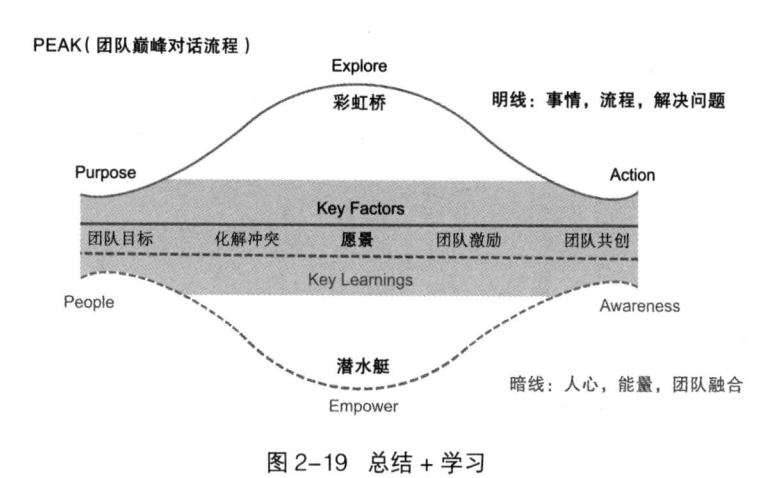

PEAK（团队巅峰对话流程）

明线：事情，流程，解决问题

彩虹桥：Purpose — Explore — Action

Key Factors：团队目标、化解冲突、愿景、团队激励、团队共创

Key Learnings

潜水艇：People — Empower — Awareness

暗线：人心，能量，团队融合

图 2-19　总结 + 学习

第三节　团队教练的十二种常用工具

团队教练的工具有很多，我在这里重点为大家介绍最常用的十二种工具。

一、"我"的使用手册

"我"的使用手册是一个常常用于团队破冰、建立信任的游戏。在团队教练工作坊的开始,教练邀请团队做个小热身游戏,以迅速进入一个良好的工作坊状态,就可以采用"我"的使用手册。

"我"的使用手册比较简单,就是邀请每个队员用报事贴写好自己的姓名、爱好、喜欢的表扬方式、可以接受的批评方式,然后贴到白板上,再邀请每个队员分别讲讲。团队平时的沟通常常是就事论事,很少去关心个人,教练通过这个工具可以帮助团队彼此有新的发现、新的了解。

在故事中,教练在第一次工作坊就给大家玩了这个小游戏,叫作"重新认识彼此",其实就是"我"的使用手册。

关于"我"的使用手册,还可以根据企业的情况适当调整,例如不一定讲喜欢什么样的批评什么样的表扬,也可以说喜欢什么样的激励、喜欢什么样的工作氛围等。

姓名	队员1	队员2	队员3	队员4
爱好				
喜欢的表扬方式				
可以接受的批评方式				

图 2-20 "我"的使用手册

二、乔哈里窗

企业中常常会有信息不对称的情况,一旦信息公开,这本身就是团队融合的一大进步。乔哈里窗是帮助团队做信息公开、认知对齐的工具。它分四个领域:我知道你也知道的叫开放区,我知道你不知道的叫作隐藏区,我不知道你知道的是我的盲目区,我不知道你也不知道的是未知区(如图 2-21 所示)。

玩这个游戏的时候,需要大家就一个关键议题,把自己知道的信息写在报事贴上,然后贴到这四个领域里,互相说一说发现了什么?有些人的盲目区就是对方的隐藏区,一旦大家发现还有很多信息没有真的公开透明,这本身就是一个团队不断融合、建立信任的开端。

他人 \ 自己	知道	不知道
知道	开放区	盲目区
不知道	隐藏区	未知区

图 2-21 乔哈里窗

三、价值观逻辑层次

逻辑层次系统是格里高利·贝特森首先构思出来的。继格里高利之后,罗伯特·迪尔茨发展出六个层级的逻辑层次图。

价值观逻辑层次的六个层次，从上往下分别是"愿景""身份""价值观""能力""行为""环境"。上三层是"道"的层面，下三层是"术"的层面。这个逻辑层次的应用关键点，是要从上往下走，而不能从下往上走。先把"道"理顺了，下面的"术"自然而然就通了。

价值观逻辑层次常常在愿景的整合、身份的整合、价值观的整合中发挥作用。用价值观逻辑层次做团队教练，可以迅速融合团队找到共同的愿景、身份、价值观。

价值观逻辑层次是非常有力量的内驱力模型。它揭示了人类的动力源泉来自梦想，也就是愿景，而愿景常常伴随着画面感。当团队看到未来成功的画面，内驱力就会被激发。

在逻辑层次里面，愿景是最高的层级，下面的五个层级都被愿景统领。更高的层级统领下面的层级，例如身份统领价值观和下面的层级，价值观统领能力和下面的层级。而下一个层级无法统领上一个层级。越高的层级势能越高，势能高的可以影响势能低的，但势能低的无法反过来影响势能高的层级。这就是我们说的降维打击。

因此，企业如果出现了问题（常常是围绕能力、行为、环境发生的问题），就必须到上三层（愿景、身份、价值观）找根由，才能从根本上解决问题。

正如爱因斯坦所说：我们不能用制造问题时的同一个层级来解决问题，只有从再上一个层级向下解决下一个层级的问题。

团队教练应用价值观逻辑层次有几个注意点，第一个要注意的是，价值观逻辑层次的核心在于高层次的向下统领下一层次，正所谓高维打低维，因此在团队教练中需要从上三层着手，而避免从下三层往上三层爬。当团队站在未来看愿景，才有飞的力量，产生抽离的上帝视角，重新审视自己的困难（巨石），它已经变得小多了。如果我们选择从下面三层往上爬，就难以产生飞跃的力量，团队很容易遇到具体的卡点——环境不好、能力不行、行动不足，从而会产生比较大的阻抗。

如果从上三层入手，选价值观层比选愿景层和身份层相对容易。团队教练需要慢慢来，循序渐进，一下子讨论团队的愿景，大多数人可能反应不过来。因此比较容易的是从价值观入手。这也是故事中为什么有好几次教练都是从团队的价值观来开始探索，而不是直接从愿景和身份层开始。

第二个要注意的是，从个人开始探索，让每个人都充分表达，再把个人的价值观整合成团队价值观，个人身份整合成团队身份，个人愿景整合成团队愿景，避免先从团队开始。这是尊重人的本性，每个人都有自己的价值观和渴望的愿景、身份，首先要尊重这一点，其次再聚拢成团队一致的愿景、身份、价值观,仿佛是聚小溪流成江河、江河成大海的过程。

第三个要注意的是尽量少用投票的方式进行,而是用整合。整合的意思是让每个人充分表达,并寻求价值观与价值观的合并,或者用更高级别的价值观整合其他的价值观,身份和愿景的整合也是类似的方法,帮助团队求同存异,从而真正达到团队的融合。

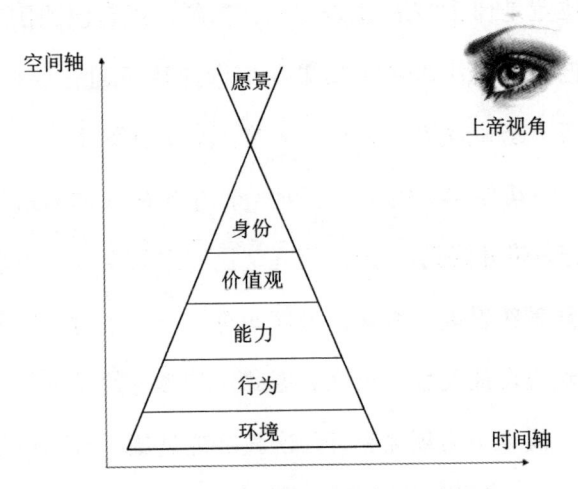

图 2-22 价值观逻辑层次与上帝视角

四、迪士尼策略

迪士尼策略是以迪士尼创始人沃尔特·迪士尼命名的创意方法论,可以用于团队教练,也可以用于个人一对一的教练辅导,因为过程中有三个位置的转换,所以也叫三位置法。

迪士尼策略可以帮助团队或者个人做一个主题的愿景规划和落地。迪士尼策略用于团队教练中，需要特别注意的两点是：一是不能把大家分为三个小组分别对应梦想组、实干组和批评家组，而是需要团队所有人一起来走梦想家、实干家、智慧的批评家的不同位置去体验，然后再原路返回实干家位置、返回梦想家位置。二是教练需要聆听团队在表达意见的时候他们真正的位置是什么？例如他们站在梦想家位置，却讨论怎么做、做的过程中有什么困难，那就是并没有真正地在梦想家位置而是在实干家和智慧的批评家位置，教练需要及时判断并给予反馈，然后请他们回到梦想家位置畅想未来。

迪士尼策略分为五个步骤：

第一步：梦想家位置，在这个阶段，畅想团队的未来蓝图，展望成功之后是什么样子的。在这个阶段，不需要考虑"如何做"，而是尽可能地启发团队用视觉化展望未来的可能性。在这个环节中，团队成员通常比较放松，语音语调是欢快的、自由的、充满能量的。

第二步：实干家位置，在这个阶段，从"如何做"的角度，教练邀请团队把梦想落地的执行计划须考虑的要素列举出来。在这个环节中，团队是实干的，行动是有力量的，语音语调是落地的、高亢的。

第三步：智慧的批评家位置，在这个阶段，教练从"有哪些风险？如果发生了这些风险，你的备份方案是什么？"的角度来启发团队。在这个环节中，团队可能会比较内敛保守，语音语调会带一些质疑。

第四步：带着智慧的批评家的建议，回到实干家的位置，然后修正实干家的执行计划（友情提示：不能让智慧的批评家直接面对梦想家，因为此举会打击梦想家的热情，所以智慧的批评家是面对实干家的）。

第五步：带着智慧的批评家和实干家的建议，回到梦想家的位置，然后对一开始的战略蓝图做出修正，让这个战略更加接地气，更加符合市场需求，更加贴近团队的实际能力。这时候团队的语音语调是畅想的、开放的，同时因为带着智慧的批评家和实干家的建议，所以语音语调比第一步的梦想家更多了一些实干的味道。

图 2-23 迪士尼策略

五、集体绘画、高光塑像

集体绘画或者高光塑像是在体验团队的愿景画面当中常常采用的方法。集体绘画可以帮助团队用视觉化的方式把愿景画出来，这个画面是团队共创的，每个人都参与进来，就会产生连接，并且团队的头脑里出现了一样的画面，因此就会创造共识，有了"我们都看到了这个画面，我们都想要"的效果。

集体绘画的过程中要注意，每个人都参与画画而不是找个画得好的人代表大家画，画得好不好像不像并不重要，每个人都参与其中，才是关键点。

高光塑像是借助身体的感知，邀请团队用各种姿势，来定格团队的未来愿景。身体的感知会创造更深的投入和连接，很多年以后都不容易忘记。假如现场有时间，还可以邀请团队用戏剧表演的方式把未来的愿景表现出来，这样大家就玩得更高兴，更加印象深刻了。这个戏剧表演与第七个工具社会剧场是类似的方法。

六、闪光时刻

每个人的生命中都有闪光时刻，这些时刻为什么让你记忆犹新，为什么让你津津乐道？背后其实都是价值观的呈现，因为它体现了你生命的价值。当每个人都聊起自己的闪光时刻，人和人之间的关系瞬间就拉近了很多。

　　闪光时刻是一个建立信任、探索价值观、提升能量的有效工具。当团队打不开需要一些走心的触动时，可以用这个工具；当团队探索价值观觉得太抽象，无法深入的时候，可以用这个工具；当团队能量很低，不愿意面对挑战的时候，也可以用这个工具。通过探索"闪光时刻"背后的价值观，团队的能量瞬间就可以迅速提升，还常常会很感动，这样，团队就可以迅速地行动起来。闪光时刻是一个小而灵活的工具，可以随时嵌入其他工具，也可以随时嵌入PEAK，甚至不需要一个完整的团队教练，平时团队一起吃饭聊天的时候就可以用这个工具。团队运用闪光时刻时要注意多关注价值观层面和身份层面，避免把注意力集中在烦琐的细节里，导致八卦式好奇。

七、社会剧场

　　社会剧场是用戏剧的方式，邀请团队用"演"的方法来代入。团队教练里面如果多利用身体的感知，会创造更深的投入和连接，体验程度会更强烈。而且剧场的方式会让大家觉得很好玩，当团队玩得开心的时候，能量自然就高，也更加容易敞开心扉，从而呈现出团队真实的一面。

　　应用"社会剧场"时需要注意的是，不需要用很长的时间去准备剧本，5分钟左右即可，然后让团队成员登台"即兴"

演出。因为即兴演出更能调动团队的能量，并且看到团队真实的一面，包括隐藏的一些问题，或者平时没有机会看到的宝贵的特质。

八、利益相关者

团队教练过程中，当我们需要更多的一致性、笃定地相信这个事情的重要性，就可以通过利益相关者练习找到做事的核心价值。找到团队做这件事情是为了什么？有哪些利益相关者会因此而受益。通过寻找利益相关者，帮助团队发掘这件事情的深远意义，从而为团队赋能。

利益相关者方法，主要是邀请团队成员先找到利益相关者是谁，然后邀请团队站在利益相关者的立场上对团队提出需求与期望，从而总结出做这件事的核心价值，并做出调整。

当我们用利益相关者练习时，要注意利益相关者不能太多，一般3个就好，最多不要超过5个，一旦超过5个，意识脑就会忙不过来，而且会跳出来评判，团队就会陷入冗长的低效的讨论中。（如图1-5所示）

九、五大视角

五大视角转换是一个拉伸团队阈值的好方法。当团队陷入困境、陷入冲突、失去信心、看不到未来，就可以用五大视角（如图2-24所示）。

五大视角的第一步是邀请大家谈谈"我"的视角，我看到了什么，我的感受，我的想法。

第二步是邀请大家来到第二视角，谈谈从"你"的视角，"你"会怎么想，怎么看？

第三步是从"他"的视角，即一个旁观者（路人甲、路人乙），他怎么看？

第四步是从"客观的摄像机"视角，如何客观地看待这件事，有什么新的发现？

第五步是拉长时间轴，拉高空间轴，站在上帝视角，站在未来，立足更大的格局，如何看待今天团队做的这件事情？

在团队教练中运用五大视角，要注意的是不用非得走完五个视角，选取其中最重要的三个视角就可以了。例如"我"的视角、"你"的视角、"上帝视角"或者"我"的视角、"他"的视角、"客观视角"等。根据现场团队议题的需要来灵活调整。团队教练并非一定要看上帝视角、要去未来畅想，可以根据团队的状况和准备度来适当运用。

假如团队还没准备好起飞，我们就允许他们在地面上先放松一下，热身动作完成后再飞也不迟。

图 2-24 五大视角

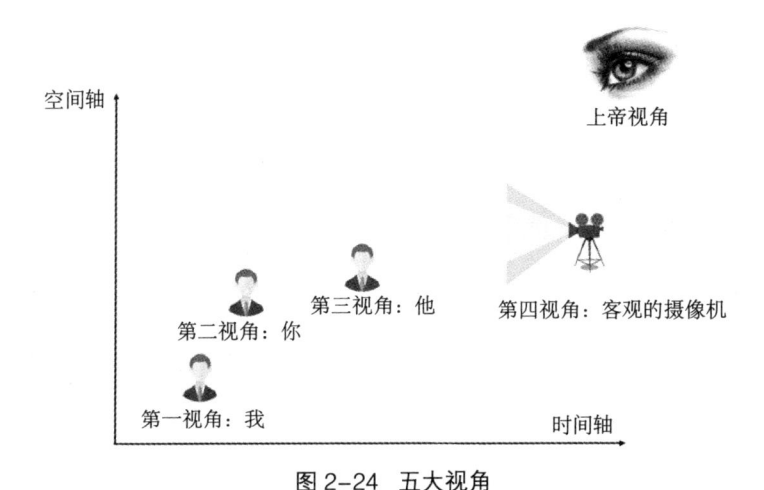

十、平衡轮

平衡轮是一个强大的视觉化工具。平衡轮在团队教练中的用途是帮助团队用整体平衡的全局观来看团队的议题并聚焦的过程,当团队的议题比较发散,涉及了多个元素,就可以利用平衡轮,把各个不同的元素放进同一个轮子里,产生视觉化的效果,从而得出哪个是最重要的?然后再聚焦这个最重要的继续讨论(如图 2-25 所示)。

平衡轮在团队教练中与在个人教练中有一些不同,在个人教练中为了强化视觉,常常会邀请客户对每个元素从 1~10 打分,然后涂色,但在团队教练中一般都不会打分涂颜色,团队教练涉及十几位学员,如果大家都讨论分数或者涂什么颜色,会陷入冗长的讨论中。因此只需要把元素放在轮子的外围，团队通过整体地看并充分地讨论，得出"哪一两个元素是最重要的"，就达成"聚焦"的目的了。

教练可以自由灵活地将平衡轮与其他工具相组合。例如将平衡轮与五大视角相组合，平衡轮与价值观逻辑层次相组合，教练的工具可以自由拆解和重新组合，就像乐高积木一样，都是非常灵活而高效的。

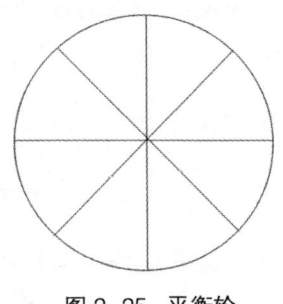

图 2-25 平衡轮

十一、减加除乘

减加除乘是一个帮助团队聚焦的工具，因此可以用于战略选择、项目规划、时间管理等广泛的团队议题。

减加除乘的重点是，先做减法再做加法，先做除法再做乘法。并且，在第二步和第四步出现的可选项控制在 3 个以内，一旦超过 3 个，就会没有重点。

这个方法的原理是：只有当团队做了减法，才能腾出时间和精力来做加法和倍增。人类大脑的注意力有限，只能关注 3~7 个点，做减法就是帮助团队聚焦，把关注的目标减少到 3 个以内，团队所有成员都达成一致去完成这个目标，这就是聚焦。

帮助团队聚焦是非常重要的。什么都做就意味着什么都做不好。企业现在常常处于一种低效忙乱之中，我辅导过的企业领导者总是说"既要还要都要，现在马上要"，我就挑战他们：这是缺乏战略思维的，因为做企业需要聚焦，需要取舍。正所谓"力出一孔，才利出一孔"。借用毛主席的话来说，集中优势兵力，打歼灭战。

减加除乘

第一步：做减法 我们应该减少的是什么？ 有哪些无用功？ 有哪些是不应该做的？ 有哪些做得太早了应该延迟？	第二步：做加法 我们可以增加的是什么？ 有哪些做得好，应该多做点？ 如果增加了，会对整体带来什么收益？
第四步：做乘法 我们需要倍增的是什么？ 为什么这些领域需要倍增？ 如果倍增了，会对整体带来什么改变？	第三步：做除法 我们需要删掉的是什么？ 有哪些事情是我们以后再也不要去做的？ 有哪些烦琐的流程或者阻碍，是我们应该消除的？

图 2-26 减加除乘

十二、改变的方程式

改变的方程式又称贝克·哈德公式：

不满意 × 愿景 × 第一小步 > 抗拒改变的力量。

不满意、愿景和第一小步是发生变革的三个要素，三个要素之间是相乘的关系，因此每一个要素的力量都要足够大，最后相乘得到的值才会超过抗拒改变的力量，团队才会真正地发生改变。

团队教练要从这三个要素分别推动团队的改变意愿（不满意、愿景和第一小步），从而让团队真正地实现根本性的变革。

团队教练需要注意的是，教练在放大团队不满意的时候，需要带到未来：假如一直不变革，会怎么样？假如一直不变革，竞争对手会怎样？通过提出假设来放大团队对于现在的不满意。教练要注意这个环节点到即止，避免在放大不满意上用力过猛，导致团队过于受打击，而失去看愿景的力量。教练在放大愿景的部分相比较放大不满意的部分要多花一倍的时间，让愿景的力量带领团队发生变革。最后一个动作是设计团队的第一步行动，这个行动需要小而美，不需要大而全。如果大而全，团队也会失去持续改变的力量。

不满意 × 愿景 × 第一小步 > 抗拒改变的力量

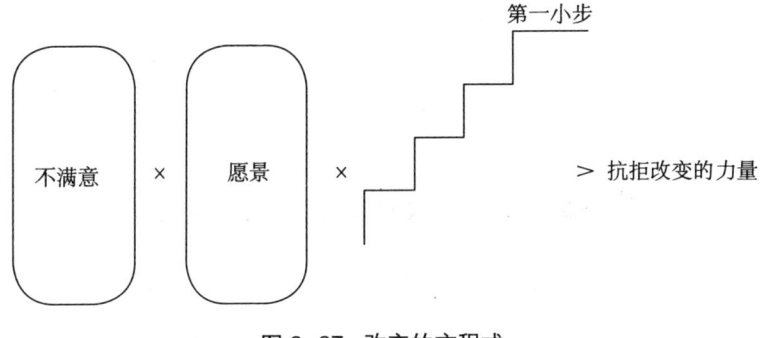

图 2-27　改变的方程式

【总结】

团队跃升地图按时间轴延展出来的是 PEAK 团队巅峰对话流程。PEAK 流程是一个明暗线结构，上下对称成镜像，明线是彩虹桥，暗线是潜水艇。

PEAK 的每个阶段都有明暗线对应，P（目的与人心），E（探索与赋能），A（行动与觉察），K（总结与学习）。PEAK 同时又可以是一个嵌套结构，里面可以藏着很多更小的 PEAK，也可以藏着不同的工具组合，让 PEAK 丰满而灵动。

团队教练的十二种常用工具，都可以像乐高积木一样随时拆解，随时组装嵌套进入 PEAK，帮助教练在带导过程中既有框架和逻辑，又灵动和走心。

第四章 团队教练的六大关键能力

团队教练是在具备个人教练能力的基础上面对一个团队做教练,那么团队教练是不是有一些能力超过了个人教练范畴呢?我认为是的。一个优秀的团队教练首先是一个优秀的个人教练,但优秀的个人教练未必是出色的团队教练,这里面还是有关键的能力区分。

ICF(国际教练联盟)发布的团队教练能力,是包含在ICF原有的个人教练八项核心能力中的子能力。经过上千场团队教练工作坊的实践,我认为团队教练的能力是在个人教练核心能力之外还有一些独特的能力,或者有的能力与个人教练能力类似但明显超越的部分,提炼总结为团队教练的六大关键能力。

一、能量的抱持 E=MCC

团队教练与个人教练都需要在教练的过程中对客户的能量有所感知并提升,我把这叫作"能量管理"。团队教练比个人教练对于"能量"的管理难度更高,因为教练要面对一个团队,要关照一个"场"的能量,要打造一个场域并抱持这个场域的能量。教练与团队的能量是互相作用的,团队本身的能量和教练本人的能量,有一种奇妙的化学反应。而且团队的能量可能时高时低,教练就仿佛是团队翅膀下的风,如果团队能量足飞得高,教练可以选择无为;如果团队受挫了能量掉下来了,教练这时候得调动团队的能量,用各种方法为团队打气赋能,可以讲个故事,可以用高级隐喻,可以做愿景共创……其实教练就是在拉升团队的能量。因此对于教练自己的挑战就是,你能否有一种平和的大气的能量,从容中正,足够松弛,既放松且专注,那么你的能量就会传递给团队一些信号,团队接收到了这样的信号也会产生化学反应,又反哺给你更好的能量,因此整个场域的能量就被真正地调动起来了。

能量 =MCC,MCC 是大师级教练的英文缩写(Master Certified Coach),也是 ICF 认证教练的最高级别。虽然我在 2018 年获得了这个 MCC 大师级教练的称号,也是中国本土第一位被 ICF 认证的女性大师级教练,但我一直认为 MCC 不是一个认证的称号,而是一种教练状态,像平静的湖水,从容自在,似有若无,给团队创造的是放松、好玩,从而真正创造意识转化与觉醒。

爱因斯坦的能量公式 $E=MC^2$，被我斗胆借来一用，就是能量 =MCC，所谓大师级教练，就是能量的调用大师，但你之所以可以调用能量，是自己的修为所在，能 hold 住这些能量并激发更深远的能量。每个大师级教练，都是一个状态的极佳呈现。

二、整体感知力

团队教练对场域的打造有要求，这对于带导的教练提出的一个挑战就是得具备整体感知力，才能真的支持到场域的打造。

什么叫作整体感知力？整体感知，就是通过教练的全息化聆听，眼观六路耳听八方，教练能够把现场的一切情况尽收眼底，当作整体来观察，而不是陷入一些细节中。团队教练的现场肯定是有各种情况各种挑战的，例如某些学员情绪不好，例如领导打断团队的发声，例如现场玩游戏大家没有真正投入……教练对这些都看在眼里，把他们当作一个整体的场域来看待，不慌不忙地调整。但假如教练过于陷入细节，可能就会忙着去处理学员的情绪，又忙着去处理领导的心态，忙得自己团团转，还抓不住要点。**因此这个整体的感知力，与教练位置的"抽离"有关。教练的位置是中正的，也是抽离的，既能远观又能近取。**我常常说教练要学习猎鹰而不要学习猎狗。猎狗看到一只兔子就近距离地一直追一直追，追得自己大汗淋漓，还不一定有收获。优秀的教练，应像一只猎鹰，在高空中优雅地盘旋，它时时刻刻地关注着地上的兔子们，瞅准时机，就箭一样地俯冲下去，捕获猎物。但它轻易不出手，不会低效地忙碌。这个在半空中关注整个场域的能力其实就是"上帝视角"，是一个既放松且专注的抽离的视角。一旦教练通过刻意练习具备了这个灵活的视角转化，时而关注整体，时而关注局部，那么教练的整体感知力就形成了。

三、框架的开合拉伸

团队教练是有框架和流程的，团队教练可以轻松好玩，但并非随性地玩儿。我常说流程框架有力量，是因为这本书里面的流程框架来自我们超过 1000 次工作坊的提炼，它从实践中来，是被验证过的。

团队教练的框架和流程比个人教练的要复杂一些，因为其面对十几个人，需要在"整合"上面多做些工作。

团队教练的 PEAK 模型是一个两头小中间大的容器，我在总结这个容器的时候常常有一些奇妙的联想，它很像老子说的"天地之间，其犹橐籥乎？虚而不屈，动而愈出"。PEAK 上面是明线，像是天，下面是暗线，像是地。老子这句话的意思是"天地之间啊，岂不像风箱吗？空虚却不竭尽，鼓动起来风吹不息"。**我们这个 PEAK 就像天地之间那个充满能量的大风箱，不断地转化能量，生生不息。**

因此教练在运用这个 PEAK 的过程中，就能感知到能量在这里的流动，从一开始团队是拘谨的小心翼翼的，然后慢慢拉伸开来，开始通过一些开放式提问和讨论慢慢打开，聊聊团队价值观团队愿景，这时候能量是通过彩虹桥拉升上去，过一会儿团队可能遇到了困境，团队能量又掉下来，教练再把能量拉上去；教练也可以采用潜水艇，潜下去看看有哪些冲突和阻碍，处理完毕继续去拉升能量。当团队太发散的时候，教练又得要"合"，让团队聚焦一下……团队的能量不是一下子就上去的，**常常是教练在彩虹桥和潜水艇之间来回游走，重复了若干次"开合"拉伸的动作，团队的能量才会慢慢起来的**。当能量来到高峰值，团队也畅想得差不多了，教练做聚拢的"合"的动作，让团队从开放的探索聚焦关键点，回到扎扎实实的行动计划里。这个就是整个框架的开合。通过这种开合，我们在提升团队能量的过程中让团队放松、打开视觉脑，从而拉伸团队的意识阈值，当团队队员彼此的阈值都更广、更宽、更深，团队就真正地开始创造合作。

四、节奏感（控场、干预）

团队教练也很像是演奏一首交响乐，既可以是轻松活泼的协奏曲，也可以是波澜壮阔的宏大诗篇。这个过程中，对于教练的能力有一个要求，那就是节奏感的把握。有的团队教练工作坊一开始搞得大家很兴奋，热烈积极，但后面就虎头蛇尾草草收场；有的团队教练工作坊是一开始就拖沓，节奏太慢，导致后面团队想"飞"也"飞"不起来；有的团队教练工作坊把流程和工具用得太复杂，教练为了赶进度不停地催促队员"快快快"，导致出来的成果草率敷衍……这些都是在节奏感上面做得不够。一个效果比较好的团队教练，其节奏感是松紧结合，会让参与的队员感觉到既放松又有挑战，既愉悦又有一定的刺激感。

如何把握一个比较好的节奏感？那就是控场和及时干预。所谓控场，是指教练对于整个场域有一定的驾驭能力，当团队出现负向情绪，或者讨论时间过长团队注意力涣散，或者是现场的热度过高……教练都可以迅速地控场。教练控场的方式，是抓住主要矛盾及时干预。比如说，团队出现负向情绪，教练可以用"按下暂停键""正向提问""讲故事""成果导向""回到价值观"等各种方法来扭转团队的情绪；比如讨论时间过长，教练可以回到"团队公约的管理时间要则""时间的提醒""征求团队意见要不要延时"等方法来干预；比如现场的热度过高，教练可以邀请大家去休息吃茶歇，等大家冷静一下再回来继续讨论等。总之教练有各种因地制宜的方式来管理这个节奏感。前提是教练要对这个节奏感有一定的感知，并前置处理了一些可能存在的卡点和情绪,而避免让这些卡点和情绪变成一发不可收拾的大问题。教练的控场和及时干预的能力和前面谈到的"整体感知力"也是相辅相成的。

五、直觉与洞察力

团队教练与个人教练都需要直觉与洞察力。个人教练相对简单,只需要照顾好面前的这一个客户,对这个客户有足够的直觉与洞察就好。团队教练的难点是,面对十几个队员要同时保持直觉与洞察力,前面说的眼观六路耳听八方,就是指的这个,既有广泛的整体上的观察,又有细致的直觉和洞察。

怎么做到的呢?教练自己先得放松下来。一旦教练自己放松了,带着轻松愉悦的心态来主持这个工作坊,注意力就从"头脑"走到了"心""身体",教练自己的"大脑、心灵、身体"是合一的,是通透的,就能真正"在当下"。一旦能够全然当下,我们的心和身体是非常有智慧的,它们比头脑更灵敏,就像我们暗藏的两根天线,能够长得很粗、伸得很长,能全方位感知场域里面的流动的能量和信息,并且敏锐地捕捉到团队不一定能注意到的关键点。这些关键点就是我们深入的洞察,而这些洞察都会瞬间以直觉的方式返回到头脑中,这些直觉就变成有力量的好问题,一旦我们相信自己的直觉,把这些好问题问出去,创造了"啊哈"时刻,团队就会有一种头脑被敲醒的感觉："我们怎么没有想到！"这时候意识转化的关键时刻就到来了。

教练要成为出色的团队教练，需要训练并相信自己的直觉。教练的直觉是一份特别宝贵的礼物，前提是我们要相信它。直觉的英文单词是"gut-feeling"，也就是说"肚子的感觉"。"Gut-feeling"来自肚子，也就是我们说的丹田，而不是来自头脑。脑神经科学家已经证明我们的肠胃上有类似大脑一样可以思考的神经元，肚子的思考就是直觉，它比头脑快得多。我们越是放下头脑，相信自己的身体，相信直觉，作为教练创造的价值就越明显。

而你，是否相信自己的直觉？这需要一份勇气。需要一份完全活在当下、信任自己且信任团队的一份勇气。当你带着这份勇气，多加实践，就可以修得自在、放松、好玩的 MCC 大师级状态。

六、反馈与挑战

团队教练与个人教练都需要直接沟通与反馈，需要挑战客户。教练敢于直接沟通与挑战客户，这是需要勇气的。

这份勇气的背后，一方面是艺高人胆大，教练对自己的能力有信心，另一方面是教练的发心很正，反馈与挑战客户都是为了客户的成长，而教练相信自己的反馈与挑战对客户有益。

在故事里，教练给产品总监和研发总监做了一个反馈，那就是注意到研发总监没有表达出来"产品总监的长期缺失"，这个动作就是反馈。而且这个反馈也有温柔地挑战研发总监：为何不表达？

反馈与给建议是不一样的。反馈是教练把自己观察到的以客观的方式呈现给团队看，至于团队要不要接受这个反馈，教练都是接纳的。教练并不执着于自己的反馈是对的，因为这个动作只是帮助团队更广泛地、更深入地"觉察"而已。例如："我观察到你们刚才说的看起来像是具体战术，而不是战略层面，你们有什么发现？"

假如教练给出反馈后，团队说"不是这样，我们是另外一种情况……"那么教练也收获到了团队的反馈并相应调整，这样就可以加速教练的进程。因此给反馈是非常重要的能力。

给建议则不然，给建议是指，我告诉你们战略应该这样做，你们去做吧。因此这个建议是一个"定论"，是一个具体的答案。如果给建议，会容易制约团队的独立思考与扩展。

那么教练可不可以分享呢？当团队没有概念的时候，我们作为教练可以适当地做分享，补充团队在这个部分的认知。在故事里，当产品和研发团队在讨论"流程太长"的时候，教练分享了一个 IBM 的 HUB 模型，分享是因为团队对这个没有概念，属于"我不知道"，可以做一点点轻量级的分享，当大家有概念了再继续教练。

反馈与挑战，在团队教练里面的难点是：既要给团队一点启发和敲打，又不能打击团队士气、削弱团队的能量；既要创造洞见，又不能给答案；既要照顾个体的感受，还得照顾全体队员有没有收获。因为在现场做反馈与挑战，常常是对刚刚发生的一个现象，或者一个观点、一个谈话，而做出的，这里就有可能要面向某个人或者某几个人做直接反馈和挑战，因此要照顾整体团队对这个反馈的感受。比如说，企业的董事长充满激情地讲了他对公司未来的展望，我可能会反馈并稍微挑战他："刚才我看到你说公司未来5年愿景的时候大家都不出声了，你怎么看？"这时候我需要观察其他人的反应，并在董事长回应我之后，顺势而为对团队做一个反馈："我们有多相信董事长这个愿景？你们心中的愿景什么样？"如果现场气氛还不够热烈，我还会通过小组讨论、讲故事、即兴小游戏等，来帮助董事长与团队更好地建立共同的愿景。

团队教练中的反馈与挑战，既要敏锐地直接沟通，又要带着慈悲心和人文关怀。就好像我常常说的"菩萨也须金刚手段"，太软了不行，太刚了也不行，需要刚柔并济，绵里藏针。

【总结】

团队教练是"道"与"术"的结合,这一章重点强调团队教练与个人教练有所不同的更深层次的部分,即教练的"道"。回到教练的本质,教练的流程框架自然有力量,但更有力量的是教练的"道",指教练一直围绕着团队的能量、团队的意识转化在做功。

PEAK团队巅峰对话流程既是一个有天地线的明暗结构,也是一个开合的架构,它很像老子说的"风箱",教练在这里开合拉伸,"风箱"里充满了生生不息的能量,创造了源源不断的觉醒。

教练通过与现场团队的互相信任与合作,一起创建了这个能量并进一步调动这个能量,从而引发了意识的转化。教练自己能量的修行是每个教练一生的功课,能量 E=MCC,大师级教练因为自己足够的放松且专注,从而为现场的团队真正赋能,并创造转化。

【寄语】

十年磨一剑，无招胜有招

过去十年我们曾给超过百家企业提供教练服务，其中有顶级的头部企业华为、平安、京东、阿里、安利……也有中小型的创业企业，无论是大企业还是小企业，教练的方法都有效，而关键是你能不能真正理解教练的做功点，以及教练到底是什么。教练是一种化繁为简、万物归一的"道法"结合，而不仅仅是"术"和工具。

教练的方法看起来简单，但直指人心、叩问灵魂。每个人都有自己的盲区，团队在相处的过程中更是如此。当每个人都执念于"我"的视角，捍卫"我"是对的，那么冲突就产生了。假如每个人放下自己固执的角度，愿意站在对方的角度思考，体恤对方的发心，那么合作就会自然而然地产生。换位思考，是不容易的。教练为什么可以做到让团队真的换位思考？因为教练的底层逻辑是"尊重人性，做人的工作"。

什么是人性？每个人都有自己的愿景、身份、价值观，作为团队大家能不能尊重这一点？这是人性；每个人都有情绪，遇到问题遇到困难会沮丧会难过，作为团队大家能不能感同身受？这是同理心，这是人性；每个人都有自己的小算盘、小九九，作为团队能不能允许每个人都有小算盘、小九九，同时又把这些个小算盘打成大算盘、大九九？有这个能耐的人自古以来少之又少，因为这是格局、气魄、胆识。假如企业能做到尊重人性，在底层逻辑上做功，从中创造的转化才是企业不断自我挑战、自我突破的长久动力。请认真想一想毛主席是怎么带领几百人参加革命，最后到几百万人，再到中华人民共和国成立，这个道理还不明显吗？但能做到的人就是很少。所谓知易行难，每个人的功课其实就是自己，没有别人。

懂得了人性，懂得了教练是在人性这里做功的，就有了解决企业长久发展的核心钥匙。这把钥匙叫作"意识的转化"。正所谓"意识的转化是一日千里的突破，能力的提升是点点滴滴的积累"。

希望每个领导者，都像林思成一样，从自己开始，转化意识，提升能力。

而教练，是你身边坚定的支持者。

鸣 谢

截至 2022 年，旭势教练团队已经为超过 100 家优秀头部企业提供了教练服务，其中有不少是世界 500 强的企业：华为、阿里、京东、字节跳动、联想、海康威视、隆基绿能、安利、高露洁、李锦记、沃尔玛、平安集团、中国雄安集团、中国银行、招商银行、建设银行、广发证券、广汽资本、友邦保险、舍弗勒、上汽通用五菱、东风日产、广西汽车集团、广汽研究院、保利商业地产、碧桂园、奥伯尼、莱茵技术、礼来、灵北药业……同时还有不少优秀的中小企业客户，有 Smart MICE 智慧会展、乐药集团、茉莉数科、花西子、中创集团、茶理宜世、医恩特……

过去 10 年，我们服务的教练小时数超过 10000 小时，团队教练工作坊超过 1000 场次。而这些服务当中，70% 是团队教练，20% 是一对一高管辅导，只有不到 10% 是交付课程。我们发现，越来越多的企业意识到了教练的价值，它们邀请教练进入企业，扎扎实实地解决当下面临的挑战。这些挑战究其根源，是关乎企业内部而非外部，尤其是团队的凝聚力、协同力、执行力，企业发展得越大就越错综复杂，各个部门之间山头林立，各团队之间难以形成一种团队协作的默契。因此，我希望通过写书，让大家看到教练进入企业之后，是如何帮助一个团队由"内"而"外"地发生转化。

正如我的第一本书《绩效跃升地图》中讲述的："事"是表象，"人"是根本。如果企业内功不行，人没有团结起来，外面的事情就一团糟。如果企业的内功扎实，关于"人"的团结做好了，那么外面的挑战反而倒逼企业成长，企业会更上一层楼。"内在的世界决定外在的世界，只有练好内功，才能登顶世界。"

继我的第一本书《绩效跃升地图》问世并收获到很多我们服务的头部客户的认可，我开始构思通过第二本书《团队跃升地图》来帮助企业领导者进一步认识到团队教练如何支持到团队的底层逻辑建设。这次我想用一个完整故事的方法来呈现。而为了写这个故事，我把旭势教练团队辅导过的企业都梳理了一遍，找出其中几家企业做背景，摘取了其中的经典片段做了艺术加工，整合成了一个故事。

因此我首先要感谢这个故事背后那些真实的企业客户，因为有你们才有了这么一个让人感动的教练故事！特别感谢我多年的老朋友潘东青和陈伟，他们作为我的第一批读者，提供了很多素材和反馈，让这个故事更加丰满而真实。

我们的客户对教练的支持和传播起到了非常大的作用，这次写书得到了很多客户的支持，特别感谢他们在百忙之中抽时间浏览我的书稿，帮我题序，还不厌其烦地反复修改，特别感谢安利（中国）总裁余放、舍弗勒大中华区 CEO 张艺林博士、乐药集团总经理肖浩东、希捷科技全球高级副总裁孙丹、海康威视总裁胡扬忠、上汽通用五菱副总经理薛海涛、李锦记（中国）销售有限公司前高级副总裁刁文玲、茉莉数科集团创始人兼 CEO 林敏、安利（中国）日用品有限公司大中华人力资源副总裁张玉珠。

写这本书还要特别感谢我的一位老朋友，被"Thinkers50"评选为世界排名第一的高管教练马歇尔·戈德史密斯博士。他在新年与家人度假的时候还抽出宝贵的时间，帮我写了一篇热情洋溢的推荐序。他写的话，对很多领导人都犹如"欲觉闻晨钟，令人发深省"。特别感谢他在 7 年前对我创业给予的指导，并一直支持我在商业教练的路上不断创新和突破。

在这里我要特别感谢一直陪伴我创业，陪着我一起探索教练、实践教练的旭势团队,他们是罗虹教练、关蔼怡教练、赵岚教练、薛红英教练、赵北教练、刘永平、谭嘉杰、杨慧、陈微。

我还要感谢一直支持我的 70 多位旭势教练团队成员,他们是北京与天津合伙人田静、姜兴第、李婕、周长虹;上海合伙人马力、高琳、闻净;深圳合伙人林伟丹、万泓志……还有很多教练名字,这里就不一一列举了。对大家的贡献我深表敬意!并衷心祝愿我们播下的 100 个 MCC(大师级教练)的种子发扬光大,在不久的将来真的可以成为 MCC,影响 10000 家中国的企业,成为影响世界的力量!

最后,我要感谢一下我的家人,我可爱的女儿何乐扬,憨厚的先生何劲辉,他们是让我的生活最"变化的"也是最美好的一个部分。

何 巧

2022 年 11 月